Résumé des Réponses

AUX QUESTIONS

DE MATHÉMATIQUES,

DE PHYSIQUE ET DE CHIMIE.

Tous les exemplaires doivent être revêtus de notre griffe.

Imprimerie Ducessois, 55, quai des Augustins.

COURS D'ÉTUDES PRÉPARATOIRES
A L'EXAMEN DU BACCALAURÉAT ÈS-LETTRES.

RÉSUMÉ DES RÉPONSES

AUX QUESTIONS

DE MATHÉMATIQUES,

DE PHYSIQUE ET DE CHIMIE,

PAR M. SARDOU,
Auteur de divers ouvrages d'enseignement.

PARIS,
DEZOBRY, E. MAGDELEINE ET Ce LIB.-ÉDIT.,
1, rue des Maçons-Sorbonne.

1847.

RÉSUMÉ

DU

COURS D'ÉTUDES PRÉPARATOIRES

A L'EXAMEN DU

BACCALAURÉAT ÈS-LETTRES.

ARITHMÉTIQUE.

N° 1.

1. Définitions. Qu'appelle-t-on grandeur ou quantité? — Unité — Nombre? — Nombre abstrait et nombre concret. — 2. Numération. Objet de la numération. — 3. Principe fondamental. Les différents ordres d'unités. — 4. Changement que subit un nombre lorsqu'on écrit à sa droite ou qu'on y supprime un ou plusieurs zéros.

1. On appelle *grandeur* ou *quantité*, tout ce qui est susceptible d'augmentation ou de diminution.

L'*unité* est une quantité que l'on prend arbitrairement pour servir de commune mesure dans la comparaison des quantités de même espèce.

Le *nombre* est la réunion de plusieurs unités de même espèce.

Nombre abstrait, nombre qui n'indique point l'espèce de ses unités. — *Nombre concret*, nombre avec la désignation de l'espèce des unités qui le composent.

Arithmétique, science des nombres.

2. L'objet de la numération est de former les nombres et de les représenter par des noms ou par des chiffres. — Formation des nombres.

3. Une collection de dix unités forme un nouvel ordre d'unités appelées *dizaines*, une collection de dix dizaines forme un troisième ordre d'unités appelées *centaines*, etc. — Tout chiffre a une valeur dix fois plus grande en avançant d'un rang vers la gauche.

Les unités d'un ordre quelconque qui manquent dans un nombre sont remplacées par un zéro.

Pour énoncer un nombre, on le partage en tranches de trois chiffres. (1re tranche, unités ; 2e, mille ; 3e, millions, etc. Dans chaque tranche, 1er chiffre à droite, unités ; 2e, dizaines ; 3e, centaines.)

4. Un zéro ajouté à la droite d'un nombre rend ce nombre 10 fois plus grand ; deux zéros le rendent 100 fois plus grand. Pourquoi ? — La suppression d'un ou deux zéros à la droite d'un nombre rend ce nombre 10 fois, 100 fois moindre. Pourquoi ?

N° 2.

1. Addition. Objet de cette opération. — 2. Règle. — 3. Pourquoi commence-t-on le calcul par la droite. — 4. Preuve de l'addition par l'addition même. — 5. Soustraction. — 6. Explication de cette opération. — 7. Sa preuve par l'addition.

1. L'addition a pour but de réunir en un seul nombre les différentes unités de plusieurs autres nombres ; le résultat s'appelle *somme*.

2. Écrire les unités de même ordre les unes sous les autres, tirer un trait sous le dernier nombre, commencer par les unités, écrire les unités de la somme de la colonne et reporter les dizaines pour les ajouter à la colonne suivante.

3. Parce que les dizaines retenues doivent être ajoutées aux unités de la colonne suivante, à gauche. Si l'on commençait par la gauche, on serait souvent obligé de changer le chiffre obtenu, etc.

4. On recommence l'addition de bas en haut, si l'on a d'abord additionné de haut en bas.

5. La soustraction a pour but de retrancher un nombre d'un autre. Le résultat s'appelle *reste*, *excès* ou *différence*.

6. Ecrire le plus petit nombre sous le plus grand, de manière que les unités de même ordre se correspondent; ôter les unités des unités, les dizaines des dizaines. Si un chiffre supérieur est trop faible, l'augmenter de dix unités de son ordre; mais alors augmenter d'une unité le chiffre inférieur de la colonne suivante.

7. On additionne le reste avec le plus petit nombre, on doit retrouver le plus grand.

N° 3.

1. Multiplication. Définition particulière au cas des nombres entiers. — 2. Qu'appelle-t-on multiplicande, multiplicateur? Produit? Facteurs? — 3. Espèce des unités du produit. — 4. Table de Pythagore. — 5. Multiplication par un nombre d'un seul chiffre. — 6. Muliplication par un nombre composé d'un seul chiffre suivi de plusieurs zéros. — 7. Multiplication par un nombre de plusieurs chiffres. — 8. Cas où les facteurs sont terminés par des zéros. — 9. Preuve de la multiplication au moyen d'une autre multiplication.

1. La multiplication est une opération par laquelle on prend un nombre nommé *multiplicande* autant de fois qu'il y a d'unités dans un autre nombre nommé *multiplicateur*.

Plus généralement, la multiplication a pour but de composer un nombre nommé *produit* avec un nombre nommé *multiplicande*, comme le *multiplicateur* est composé avec l'unité.

2. *Multiplicande*, nombre que l'on multiplie ; *multiplicateur*, nombre par lequel on multiplie. Les deux sont les *facteurs* du produit ; le *produit* est le résultat de la multiplication.

3. Les unités du produit sont toujours de la même espèce que les unités du multiplicande. Celui-ci peut être un nombre concret ; le multiplicateur est toujours un nombre abstrait.

4. Tableau qui présente les produits des neuf premiers nombres. Le produit des deux facteurs est à la rencontre des lignes verticale et horizontale qui commencent chacune par un des deux facteurs. Construction de la table.

5. On multiplie successivement les unités, dizaines, centaines, etc. du multiplicande par le chiffre du multiplicateur.

6. On multiplie par le chiffre significatif, et l'on ajoute au produit les zéros du multiplicateur. Pourquoi? (nº 1-4.)

7. On multiplie successivement tous les chiffres du multiplicande par chacun des chiffres significatifs du multiplicateur, en ayant soin d'écrire les produits partiels les uns au-dessous des autres, de manière que le premier chiffre à droite soit au même rang que le chiffre par lequel on multiplie. Pourquoi ?

8. On multiplie abstraction faite des zéros du multiplicande et du multiplicateur, puis on ajoute au produit total autant de zéros qu'il y en a dans les deux facteurs. Pourquoi ?

9. On intervertit l'ordre des facteurs ; le résultat devra être le même. (Démontré nº 4.)

Nº 4.

1. **Démonstration des deux principes suivants : 1º Le produit de deux nombres reste le même, quand on change l'ordre des deux**

facteurs; 2° On multiplie un nombre par un produit de deux facteurs en multipliant ce nombre successivement par chacun des deux facteurs. — 2. Usage principal de la multiplication.

1. 1° Je dis que $6 \times 4 = 4 \times 6$. Pour le démontrer, on écrit six unités quatre fois : si l'on considère les lignes horizontales, on a 6 unités prises 4 fois ou 6×4 ; si on prend les lignes verticales on a 4×6.

2° Je dis que $4 \times 6 = 4 \times 3 \times 2$. On écrit six fois le nombre 4, sur deux rangs : en considérant les rangées horizontales on a 6 fois le nombre 4 aussi bien qu'en écrivant 4 six fois de suite, ce qui serait 4×6.

2. La multiplication sert principalement à trouver la valeur de plusieurs unités de même espèce lorsqu'on connaît la valeur d'une seule de ces unités. Donner un exemple.

N° 5.

1. Division. Définition. — 2. Qu'appelle-t-on dividende, diviseur, quotient? — 3. Différents points de vue sous lesquels on peut envisager la division. — 4. Règle générale. — 5. Démonstration (il suffira de faire voir qu'on reproduit le dividende en multipliant le diviseur par le nombre placé au quotient). — 6. Comment juge-t-on qu'on a placé au quotient un chiffre trop fort ou trop faible? — 7. Preuve de la division par la multiplication et réciproquement. — 8. Deux usages principaux de la division.

1. La division est une opération qui a pour but, lorsqu'on connaît un produit nommé *dividende* et l'un des facteurs nommé *diviseur*, de trouver l'autre facteur nommé *quotient*.

2. Le *dividende* est le nombre à diviser ; le *diviseur* est le nombre par lequel on divise ; le *quotient* est le résultat de la division.

3. On peut considérer la division comme une soustraction abrégée ; on peut dire aussi que diviser par exemple 24 par 6, c'est partager 24 en 6 parties égales, ou voir combien de fois 6 est contenu dans 24.

4. Écrire le diviseur à la droite du dividende, le séparer du dividende et du quotient ; prendre sur la gauche du dividende assez de chiffres pour avoir un nombre qui contienne le diviseur ; diviser ce premier dividende partiel par le diviseur ; multiplier tout le diviseur par le chiffre obtenu au quotient ; ôter le produit du dividende partiel ; à côté du reste, abaisser le chiffre suivant du dividende, etc.

5. Puisque le quotient exprime combien de fois le dividende contient le diviseur, il est évident qu'on retrouve le dividende en prenant le diviseur autant de fois qu'il y a d'unités dans le quotient, c'est-à-dire en le multipliant par le quotient.

6. Le chiffre du quotient est trop fort, lorsque le produit du diviseur par ce chiffre surpasse le dividende partiel ; dans ce cas la soustraction ne peut se faire. Le chiffre est trop faible lorsque le reste de la soustraction contient encore le diviseur.

7. On multiplie le diviseur par le quotient ; on doit retrouver le dividende. Si la division a donné un reste, on l'ajoute au produit. Réciproquement on fait la preuve de la multiplication par la division, en divisant le produit par l'un des facteurs.

8. La division sert 1° à partager une quantité en plusieurs parties égales ; 2° à chercher combien de fois un nombre concret est contenu dans un autre nombre de même espèce. Exemples.

N° 6.

Fractions décimales. 1. Définition de cette sorte de fractions. — 2. Manière de les écrire et de les énoncer. — 3. Quels changements y produit le déplacement de la virgule? — 4. Pourquoi la valeur d'une fraction ne change-t-elle pas quand on place ou qu'on supprime des zéros à sa droite?

1, On appelle *fractions décimales*, des parties de l'unité de dix en dix fois plus petites que l'unité. On peut dire aussi que ce sont des fractions qui ont pour dénominateur l'unité suivie d'un ou de plusieurs zéros.

2. On écrit les fractions décimales d'après le principe de la numération des nombres entiers. Les *dixièmes*, 10 fois plus petits que les unités, s'écrivent à la droite des unités et en sont séparés par une virgule; les *centièmes* s'écrivent à la droite des dixièmes, etc.

On remplace par un zéro les entiers s'il n'y en a pas, ou toute décimale d'un ordre qui manque. On écrit, du reste, les nombres décimaux comme on écrirait les nombres entiers en ayant soin que le dernier chiffre à droite soit placé au rang indiqué par le nom de la décimale du dernier ordre.

Il y a deux manières d'énoncer les décimales : ou séparément, ou comme un nombre entier, en le faisant suivre du nom de la dernière décimale à droite.

3. La virgule portée d'un rang, de deux rangs, etc. vers la droite rend le nombre 10 fois, 100 fois plus grand. Réciproquement on rend le nombre 10 fois, 100 fois moindre, si l'on reporte la virgule d'un rang ou de deux rangs vers la gauche. Conséquences pour la multiplication ou la division par 10, 100, 1000, etc.

4. Puisqu'un dixième vaut 10 centièmes ou 100 millièmes, il est clair que 3 dixièmes, par exemple, valent 3 fois plus : donc $0,3 = 0,30 = 0,300$. On peut dire aussi que si l'on ajoute des zéros, les parties décimales seront 10 fois, 100 fois plus petites; mais aussi on en prend 10 fois, 100 fois plus.

N° 7.

1. Addition et soustraction des décimales. — 2. Multiplication. Règle générale. Démonstration. — 3. Division. Cas où le dividende et le diviseur ont le même nombre de décimales. Cas où le nombre des décimales n'est point le même.

1. On place les unités sous les unités, les dixièmes

sous les dixièmes, etc. On additionne comme si l'on opérait sur des nombres entiers, en mettant la virgule à son rang.

Même disposition des chiffres pour la soustraction, qui se fait aussi comme celle des entiers, la virgule à sa place. On remplace par des zéros les décimales qui sont en moins.

2. La multiplication se fait comme celle des nombres entiers, abstraction faite de la virgule, et il n'est pas nécessaire de faire correspondre les unités de même ordre dans les deux facteurs.

On sépare sur la droite du produit total autant de décimales qu'il y en a dans les deux facteurs. Raison tirée de la suppression de la virgule dans chacun des deux facteurs. Si l'on manque de chiffres au produit pour avoir les décimales nécessaires on ajoute des zéros à gauche.

3. On supprime la virgule au dividende et au diviseur, et l'on fait la division comme celle des nombres entiers. Pourquoi?

Si le nombre des décimales n'est point le même, on ajoute assez de zéros au terme qui en a le moins pour avoir un nombre égal de décimales. — Trois remarques.

N° 8.

1. Fractions. Origine des fractions. — 2. Que désignent le numérateur et le dénominateur? — 3. Prouver qu'on ne change pas la valeur d'une fraction quand on multiplie ou qu'on divise ses deux termes par le même nombre. — 4. Utilité de cette remarque pour simplifier les fractions.—5. Règle pour trouver le plus grand commun diviseur de deux nombres. — 6. Réduction des entiers en fractions. — 7. Extraction des entiers qui sont contenus dans une expression fractionnaire. —

8. Conversion des décimales en fractions ordinaires, et réciproquement.

1. Les fractions sont des parties de l'unité. Si l'on divise l'unité en quatre parties égales et que l'on prenne trois de ces parties, on a une fraction qui est $\frac{3}{4}$. Toute division qui ne se fait pas exactement donne aussi naissance à une fraction; telle serait la division de 23 par 4.

2. Le dénominateur indique en combien de parties on a divisé l'unité, et le numérateur combien on prend de ces parties. Si le numérateur est égal au dénominateur, la fraction est égale à l'unité; s'il est plus fort, la fraction est plus grande que l'unité et prend le nom de *nombre fractionnaire*.

3. On rend une fraction 2, 3 fois plus grande en multipliant son numérateur par 2 ou par 3 ; on la rend le même nombre de fois plus petite si on multiplie le dénominateur : donc : etc. L'inverse, si l'on divise, donc, etc.

4. On réduit par ce moyen une fraction à une plus simple expression : pour cela on divise les deux termes par un même nombre, commun diviseur; on prend de préférence le plus grand commun diviseur. — Divisibilité par 2, 3, 4, 5, 6, 8, 9 et 10.

5. On divise le plus grand par le plus petit; si la division se fait exactement, c'est ce plus petit nombre lui-même qui est le plus grand commun diviseur ; s'il y a un reste, on divise le diviseur précédent par ce reste : ainsi de suite; le reste qui divisera exactement le diviseur précédent, sera le plus grand commun diviseur des deux nombres donnés.

Si l'on arrive à l'unité, les deux nombres n'ont point de commun diviseur : ils sont premiers entre eux. — Fraction irréductible.

6. Pour réduire un entier en fraction, on multiplie cet entier par le dénominateur de la fraction demandée; on prend ce produit pour numérateur et on lui donne pour dénominateur celui de la fraction.

7. On extrait les entiers en divisant le numérateur par le dénominateur.

8. On rend le nombre décimal numérateur d'une fraction à laquelle on donne pour dénominateur l'unité suivie d'autant de zéros qu'il y a de chiffres décimaux.

Si la fraction décimale est périodique simple, on prend pour numérateur la période, et pour dénominateur autant de 9 qu'il y a de chiffres dans la période.

Si la fraction décimale est périodique mixte, le numérateur sera la différence des deux nombres résultant du transport de la virgule, d'abord à droite, puis à gauche de la période : le dénominateur sera composé d'autant de 9 qu'il y a de chiffres dans la partie périodique, suivis d'autant de zéros qu'il y a de chiffres dans la partie non périodique.

N° 9.

1. Addition et soustraction des fractions. — 2. Réduction au même dénominateur.

1. Si les facteurs ont le même dénominateur, on additionne ou l'on soustrait les numérateurs et l'on donne au résultat le dénominateur commun. Si les fractions n'ont pas le même dénominateur, on les y réduit préalablement.

2. Pour réduire au même dénominateur deux fractions, on multiplie les deux termes de chacune d'elles par le dénominateur de l'autre. S'il y a plus de deux fractions, il faut multiplier les deux termes de chaque fraction par le produit des dénominateurs des autres. — Recherche du plus petit dénominateur commun; décomposition en facteurs communs.

Remarques. 1° Comparaison de la valeur de plusieurs fractions; 2° addition et soustraction d'entiers accompagnés de fractions.

N° 10.

1. Multiplication des fractions. — Définition de la multiplication par un nombre entier; par une fraction. — 2. Règles et démonstrations pour les différents cas de la multiplication des nombres fractionnaires. — 3. Pourquoi le produit de deux fractions proprement dites est-il moindre que chaque facteur? — 4. Evaluation des fractions de fractions.

1. (Voir les définitions n° 3 — 1) On peut dire aussi que multiplier un nombre par une fraction, c'est faire de ce nombre des parties égales indiquées par le dénominateur de la fraction, et prendre autant de ces parties qu'il y a d'unités dans le numérateur.

2. 1° On multiplie une fraction par un entier en multipliant le numérateur seulement par l'entier, car lorsqu'on rend le numérateur d'une fraction un certain nombre de fois plus fort la fraction devient le même nombre de fois plus forte.

2° Pour multiplier un entier par une fraction, on multiplie l'entier par le numérateur, et l'on donne au résultat le dénominateur de la fraction. Cela résulte de la définition de la multiplication par une fraction.

3° Pour multiplier une fraction par une fraction, on multiplie numérateur par numérateur, et dénominateur par dénominateur. Démonstration analogue à la précédente. — Si les fractions sont accompagnées d'entiers, on réduit ces entiers en fractions.

3. Parce que le produit est par rapport au multiplicande ce que le multiplicateur est par rapport à l'unité.

Même raison pour le multiplicateur : il suffit d'intervertir l'ordre des facteurs.

4. Les *fractions de fractions* sont des parties égales d'une ou de plusieurs fractions dépendantes les unes des autres. On les évalue en les multipliant entre elles ; cela résulte de la définition de la multiplication des fractions.

N° 11.

1. Division des fractions. — 2. Règles et démonstrations pour les différents cas.

1. La définition générale de la division (n° 5 — 1) convient au cas des fractions.

2. Trois cas : 1° Diviser une fraction par un entier. On multiplie le dénominateur par l'entier, car lorsqu'on rend le dénominateur d'une fraction un certain nombre de fois plus grand, la fraction devient le même nombre de fois plus petite.

2° Diviser un entier par une fraction. On multiplie l'entier par la fraction diviseur renversée. On démontre, en partant de ce principe, que le dividende est le produit du quotient par le diviseur, et que le dividende est dès-lors une fraction du quotient : or, connaissant cette fraction du quotient, il est facile de retrouver le quotient total.

3° Diviser une fraction par une fraction. On multiplie la fraction dividende par la fraction diviseur renversée. Même démonstration.

N° 12.

1. Système métrique. — 2. Mesure de longueur. Le mètre. Son rapport avec le méridien. — 3. Subdivisions et multiples

1. On entend par système métrique le système des poids et mesures qui a pour base le mètre.

2. Le mètre, unité de mesure de longueur. C'est la dix-millionième partie du quart du méridien.

3. Subdivisions : Décimètres, centimètres, millimètres. Multiples : Décamètre, hectomètre, kilomètre, myriamètre. Ces derniers servent seulement pour les mesures itinéraires.

Mesures topographiques ou de grande superficie : Myriamètre carré, qui vaut 100 kilomètres carrés.

Nº 13.

1. Mesure de superficie. L'are, Comment dérive-t-il du mètre? Combien contient-il de mètres carrés? — 2. Mesure de solidité. Le stère ou mètre cube. Son usage. — 3. Mesure de capacité. Le litre. Comment il dérive du mètre. Subdivisions et multiples. — 4. Mesure de poids. Le gramme. Comment il dérive du mètre. Subdivisions et multiples. — 5. Monnaie. Le franc. Comment il dérive du mètre.

1. L'unité de mesure de superficie est le *mètre carré*, qui se divise en 100 décimètres carrés, le décimètre carré en 100 centimètres carrés, etc. — L'*are* est l'unité de superficie pour les mesures agraires; c'est un décamètre carré, c'est-à-dire un carré de dix mètres de longueur et de hauteur. Il se divise en 100 *centiares*; le centiare est le mètre carré.

2. L'unité de mesure de solidité est le *mètre cube* qui prend le nom de *stère* lorsqu'il s'agit de mesurer le bois de chauffage. Le mètre cube se divise en 1000 décimètres cubes, le décimètre cube en 1000 centimètres cubes, etc. Le stère se divise en 10 *décistères*; le *décastère* vaut 10 ères.

3. L'unité de mesure de capacité est le *litre*; le litre est la capacité d'un décimètre cube; ses subdivisions sont le *décilitre* et le *centilitre*; ses multiples le *décalitre*, l'*hectolitre* et le *kilolitre*.

4. L'unité de poids est le *gramme*. C'est le poids

dans le vide d'un centimètre cube d'eau distillée ramenée à son maximum de densité, qui est à la température de 4 degrés au-dessus de zéro. Ses subdivisions sont le *décigramme*, le *centigramme* et le *milligramme*; ses multiples le *décagramme*, l'*hectogramme*, le *kilogramme* et le *myriagramme*.

5. L'unité monétaire est le *franc*, qui est fait avec 5 grammes d'argent au titre de 9 dixièmes. Il se divise en 10 *décimes*, le décime en 10 *centimes*; il n'a pas de multiples.

N° 14.

1. Composition du carré d'un nombre qui contient des dizaines et des unités. — 2. Extraction de la racine carrée. — 3. Composition du cube d'un nombre qui contient des dizaines et des unités. — 4. Extraction de la racine cubique.

Notions sur les puissances et les racines carrée et cubique. Carré des neuf premiers nombres ; carré de 10, de 100, de 1000 ; carré composé d'un ou deux chiffres : racine, un chiffre ; carré composé de trois ou de quatre chiffres : racine, deux chiffres, etc. D'où partager le carré en tranches de deux chiffres à partir de la droite ; autant de chiffres à la racine que de tranches dans le carré.

1. Le carré d'un nombre qui contient des dizaines et des unités, se compose du carré des dizaines, du double produit des dizaines par les unités et du carré des unités. Formule générale $a^2 + 2ab + b^2$.

2. *Extraction de la racine carrée.* On partage le nombre en tranches de deux chiffres à partir de la droite : la dernière à gauche peut n'avoir qu'un seul chiffre. *On extrait la racine carrée* du plus grand carré contenu dans la première tranche à gauche, ce qui donne les dizaines de la racine ; *on fait le carré des dizaines*; *on le soustrait* de la première tranche à gauche ; à côté du reste on abaisse la tranche suivante, on sépare les dizaines du reste ; *on double les dizaines de la racine, et l'on divise* par le double des dizaines les dizaines du reste, ce qui détermine le chiffre des unités de la racine. A côté du double des dizaines on écrit le chiffre des unités et l'on multiplie le nombre qui en résulte par le chiffre des unités ; le produit doit être égal au reste si le nombre donné est un carré parfait. Le reste obtenu ne doit jamais être égal au double de la racine trouvée, plus un.

Extraction de la racine carrée des fractions. Décimales : on rend pair le nombre des décimales, on extrait la racine comme si le nombre était un nombre entier ; on sépare à la racine un nombre de décimales moitié de celui des décimales données. — Fractions ordinaires : on extrait la racine du numérateur et celle du dénominateur. Si le dénominateur n'est pas un carré parfait, on multiplie préalablement les deux termes de la fraction par le dénominateur.

Cubes des neuf premiers nombres ; cubes de 10, de 100, de 1000 ; cube de trois chiffres ou plus : racine, un chiffre ; cube de quatre, cinq ou six chiffres : racine, deux chiffres, etc. Autant de chiffres à la racine qu'il y a de tranches de trois chiffres au cube.

3. Le cube d'un nombre qui contient des dizaines et des unités se compose du cube des dizaines, du triple produit du carré des dizaines par les unités, du triple produit des dizaines par le carré des unités, du cube des unités. La formule générale est $a^3 + 3a^2b + 3ab^2 + b^3$.

4. *Extraction de la racine cubique.* On partage le nombre en tranches de trois chiffres à partir de la droite : la dernière à gauche peut n'avoir que deux chiffres ou un seul. *On extrait la racine* du plus grand cube contenu dans cette dernière tranche, ce qui donne les dizaines de la racine ; *on fait le cube de ces dizaines, on le soustrait* de la tranche à gauche ; à côté du reste on abaisse la tranche suivante, on sépare les centaines du nombre qui en résulte ; on fait *le triple carré des dizaines de la racine*, et l'on divise par ce triple carré les centaines du reste, ce qui détermine le chiffre des unités de la racine. Pour vérifier cette racine on forme les trois produits $3a^2b+3ab^2+b^3$; leur somme devra être égale au reste si le nombre donné est un cube parfait. — Le reste obtenu ne peut jamais être égal au triple carré de la racine trouvée, plus trois fois la racine, plus un.

Extraction de la racine cubique des fractions. Décimales : le nombre des décimales doit être 3, 6, 9 ou tout autre multiple de 3 (on y supplée par des zéros) ; on extrait la racine comme celle d'un nombre entier ; on sépare à la racine autant de décimales que le nombre proposé avait de fois 3 décimales. — Fractions ordinaires : on extrait la racine cubique du numérateur et du dénominateur. Si le dénominateur n'est pas un cube parfait, on multiplie préalablement les deux termes de la fraction par le carré du dénominateur.

N° 15.

1. Définition du rapport. — 2. Définition de la proportion. — 3. Propriété fondamentale des proportions ; la démontrer.

1. On appelle *rapport* le résultat de la comparaison de deux quantités. Deux sortes de rapports : rapport *par différence* ou rapport *arithmétique*, et rapport *par quotient*, ou rapport *géométrique*. Manière d'indiquer ces rapports. — *Raison*, nombre résultant du rapport. Antécédent et conséquent.

2. On appelle *proportion* l'expression de l'égalité de deux rapports. Deux sortes de proportions suivant la nature des rapports : proportion *arithmétique* ou *équi-*

différence; proportion *géométrique.* Manière de les indiquer. Extrêmes, moyens.

3. Dans toute proportion arithmétique, la somme des extrêmes est égale à la somme des moyens. (On démontre en ajoutant la raison à chacun des conséquents; on a ainsi la somme des extrêmes évidemment égale à la somme des moyens. Ces sommes égales ne diffèrent de la somme des extrêmes de la proportion donnée et de la somme des moyens, que par la *raison,* qui est la même dans les deux rapports, donc : etc.)

Dans toute proportion géométrique le produit des extrêmes est égal au produit des moyens. (Démonstration analogue : on multiplie chaque conséquent par la raison, etc.)

N° 16.

1. Comment on peut trouver l'un des quatre termes d'une proportion par la seule connaissance des trois autres, ou *règle de trois.* — 2. Questions les plus simples qui se résolvent par cette règle.

1. On trouve l'extrême inconnu d'une proportion géométrique en faisant le produit des moyens et en divisant par l'extrême connu. (Démontrer en s'appuyant sur le principe que le produit des extrêmes est égal au produit des moyens.) — On trouve le moyen inconnu en faisant le produit des extrêmes et en divisant par le moyen connu. (Même démonstration.) Règle de trois, pourquoi ainsi nommée?

2. Règle de trois proprement dite, règle d'intérêt et d'escompte, règle de compagnie ou de société, etc. — Règle de trois directe, inverse, simple, composée; règle d'intérêt, taux, intérêt simple, intérêt composé; règle d'escompte, escompte en dedans et escompte en dehors; règle de compagnie ou de société, partage du bénéfice ou de la perte proportionnellement aux mises et au temps.

N° 17.

1. Proportion continue. Ce que c'est. — 2. Moyenne proportionnelle entre deux nombres. Comment on la trouve. — 3. De combien de manières peut-on changer l'ordre des termes d'une proportion sans troubler la proportion?

1. On appelle proportion continue, une proportion dans laquelle les deux moyens sont égaux. Manière de l'écrire.

2. La moyenne proportionnelle entre deux nombres est le terme qui, dans une proportion continue, forme les deux moyens, les deux nombres donnés formant les deux extrêmes. La moyenne proportionnelle entre deux nombres est égale à la racine carrée du produit de ces deux nombres, car le produit des extrêmes est égal au produit des moyens; donc on trouve la moyenne proportionnelle, etc.

3. De huit manières : 1° on change de place les moyens; 2° les extrêmes dans les deux proportions ; 3° dans chacune des quatre proportions obtenues on met les moyens à la place des extrêmes, et réciproquement. Le produit des extrêmes sera toujours égal au produit des moyens, les facteurs étant les mêmes.

N° 18.

1. Démontrer qu'une proportion étant donnée, il y aura encore proportion, si l'on ajoute chaque conséquent à son antécédent, ou chaque antécédent à son conséquent. — 2. Démontrer que la somme des antécédents est à la somme des conséquents comme un antécédent est à son conséquent.

1. En ajoutant le conséquent à son antécédent, les

raisons augmentent chacune d'une unité dans l'un et l'autre rapport; or ces raisons étaient égales, donc elles le sont encore, donc il y a proportion. Pour démontrer qu'il y a encore proportion lorsqu'on ajoute chaque antécédent à son conséquent, on met les moyens à la place des extrêmes, on s'appuie sur ce qui vient d'être démontré, et l'on remet les moyens et les extrêmes à leur place.

2. On change l'ordre des moyens et l'on raisonne d'après le principe ci-dessus. On remet les moyens à leur place, et l'on a la proportion qu'il fallait démontrer.

N° 19.

1. Démontrer que, si on multiplie deux proportions terme à terme, les quatre produits feront entre eux une proportion. — 2. Si quatre nombres sont en proportion, leurs carrés seront aussi en proportion, et de même les cubes.

1. On démontre en vertu de ce principe que si l'on multiplie des quantités égales par des quantités égales, les produits sont égaux.

2. On prend deux proportions identiques, et l'on s'appuie sur ce qui vient d'être démontré.

FIN DE L'ARITHMÉTIQUE.

GÉOMÉTRIE.

N° 20.

1. Définition de la géométrie. — 2. De la ligne droite.— 3. De la ligne courbe. — 4. Du plan. — 5. De l'angle, etc.

1. La géométrie est la science qui a pour objet la mesure de l'étendue.

2. La ligne droite est le plus court chemin d'un point à un autre.

3. La ligne courbe est celle qui n'est ni droite ni composée de lignes droites.

4. Le plan est une surface dans laquelle prenant deux points à volonté et les joignant par une ligne droite, cette ligne est tout entière dans le plan.

5. L'angle est l'espace plus ou moins grand compris entre deux lignes qui se coupent ; ou encore, c'est l'écartement de deux lignes qui se rencontrent en un point.

Autres définitions : **ligne, ligne brisée, perpendiculaire, oblique, surface, solide, sommet de l'angle, angle droit, angle aigu, angle obtus. Parallèles, figure plane, polygone ; triangle, triangle équilatéral, isocèle, scalène, rectangle ; hypoténuse, quadrilatère, carré, rectangle, parallélogramme, losange, trapèze, pentagone, hexagone, axiomes.**

N° 21.

THÉORÈMES. — 1. Sur les angles adjacents. — 2. Sur les angles opposés au sommet. — 3. Sur les triangles égaux. — 4. Sur le triangle isocèle. — 5. Sur les triangles qui ont des côtés ou des angles inégaux. — 6. Sur les perpendiculaires et les obliques.

1. Toute droite qui en rencontre une autre fait avec

celle-ci deux angles adjacents qui valent ensemble deux angles droits.

On le prouve en élevant au point de rencontre une perpendiculaire qui forme avec une des droites deux angles droits. — Trois corollaires.

2. Les angles opposés au sommet sont égaux.

On s'appuie sur la proposition précédente. — *Scolie* sur la valeur des quatres angles formés par les deux droites et sur la somme de tous les angles formés autour d'un point.

3. I. Deux triangles sont égaux lorsqu'ils ont un angle égal compris entre deux côtés égaux chacun à chacun.

En superposant, les côtés qui comprennent l'angle égal coïncident dans toute leur étendue.

II. Deux triangles sont égaux lorsqu'ils ont un côté égal adjacent à deux angles égaux chacun à chacun.

En superposant les côtés égaux, les autres côtés, à cause de l'égalité des angles, prennent la même direction, et les extrémités tombent au même point.

III. Deux triangles sont égaux quand ils ont les trois côtés égaux chacun à chacun

De l'égalité des côtés on conclut l'égalité des angles, en s'appuyant sur ce principe que si l'un des angles était plus grand que son homologue dans l'autre triangle, le côté opposé serait aussi plus grand, etc. — Démontrer ce principe. — *Scolie* général. Les angles égaux sont opposés aux côtés égaux et réciproquement.

4. Dans un triangle isocèle, les angles opposés aux côtés égaux sont égaux.

On abaisse une perpendiculaire du sommet sur le milieu de la base et l'on a deux triangles égaux, etc. — Démontrer la réciproque.

5. De deux côtés d'un triangle, le plus grand est celui qui est opposé au plus grand angle, et réciproquement le plus grand angle est opposé au plus grand côté.

Dans le plus grand angle on fait un angle égal à l'un des autres, et l'on a un triangle isocèle ; on démontre en s'appuyant sur le principe que la ligne droite est plus courte que la ligne brisée.

6, I. D'un point pris hors d'une droite, on ne peut mener qu'une seule perpendiculaire à cette droite.

On suppose que l'on puisse en mener une seconde et on la mène ; on prolonge la première d'une quantité égale, on joint l'extrémité du prolongement à l'extrémité de la seconde, on a ainsi deux triangles égaux. On fait voir que dans l'hypothèse d'une seconde perpendiculaire, on aurait deux angles adjacents qui seraient droits et que dès-lors on pourrait d'un point à un autre mener deux lignes droites, ce qui est impossible. — *Scolie.* Par un point pris sur une droite on ne peut mener qu'une seule perpendiculaire.

II. Si d'un point pris hors d'une droite on mène une perpendiculaire et différentes obliques : 1° la perpendiculaire est plus courte que toute oblique ; 2° deux obliques qui s'écartent également du pied de la perpendiculaire sont égales ; 3° l'oblique qui s'en écarte le plus est la plus longue.

1° On fait la même construction que dans le théorème précédent, on a deux triangles égaux ; on achève la démonstration en s'appuyant sur le principe que la ligne droite est plus courte que la ligne brisée. — 2° Parce que l'on a deux triangles égaux. — 3° On démontre d'abord comme dans 1° et l'on achève en s'appuyant sur le principe que la ligne enveloppante est plus grande que la ligne enveloppée.

III. Si par le milieu d'une droite on élève une perpendiculaire, 1° tout point de cette perpendiculaire sera également distant des deux extrémités de la droite ; 2° tout point situé hors de la perpendiculaire sera inégalement distant des mêmes extrémités.

1° Les obliques menées de ce point aux extrémités seront égales. — 2° On s'appuie sur le principe que la droite est plus courte que la ligne brisée.

IV. Deux triangles rectangles sont égaux lorsqu'ils ont l'hypoténuse égale et un côté égal.

On raisonne dans l'hypothèse où les troisièmes côtés ne seraient pas égaux, et prenant sur le plus grand une longueur égale au plus petit, puis menant une hypoténuse, on fait voir, par l'égalité des triangles, que l'on aurait deux obliques égales s'écartant inégalement du pied de la perpendiculaire, ce qui est impossible.

N° 22.

Théorèmes sur les Parallèles.

NOTA DU PROGRAMME.—Il est permis de regarder comme évidente l'égalité des angles correspondants.

I. Deux droites perpendiculaires à une troisième sont parallèles entre elles.

Car si elles se rencontraient on pourrait d'un même point abaisser deux perpendiculaires sur la même droite. — *Scolie* sur les angles formés par une sécante, et deux droites parallèles.

II. 1° Les angles alternes-internes sont égaux; 2° les angles alternes-externes sont égaux; 3° les angles internes du même côté de la sécante valent ensemble deux angles droits.

1° On s'appuie sur l'égalité des angles correspondants et des angles opposés au sommet.

2° On s'appuie sur l'égalité des angles opposés au sommet et des angles alternes-internes.

3° On s'appuie sur le principe que deux angles adjacents valent ensemble deux angles droits et sur l'égalité des angles correspondants. — Corollaire.

III. Deux lignes parallèles à une troisième sont parallèles entre elles.

On mène une perpendiculaire à cette troisième, elle le sera à chacune des deux autres, donc ces deux autres sont parallèles entre elles comme perpendiculaires à une même droite.

IV. Deux parallèles sont partout également distantes.

On mène deux perpendiculaires entre les deux parallèles et l'on prouve qu'elles sont égales. Pour cela on fait voir d'abord qu'elles sont parallèles ; on mène ensuite une diagonale qui est sécante, on a ainsi deux triangles. On démontre qu'ils sont égaux en s'appuyant sur l'égalité des angles alternes-internes et sur le théorème de l'égalité des triangles qui ont un côté commun compris entre deux angles égaux.

V. Deux angles qui ont les côtés parallèles et dirigés dans le même sens sont égaux.

On s'appuie sur l'égalité des angles correspondants.

Scolie. Les angles sont supplémentaires si l'un des côtés parallèles est dirigé en sens contraire. On le démontre aussi par l'égalité des angles correspondants.

N° 23.

THÉORÈMES. — 1. Sur la somme des angles d'un triangle. — 2. Sur les angles d'un polygone quelconque. — 3. Sur le parallélogramme. — 4. Sur le losange.

1. Dans tout triangle la somme des trois angles est égale à deux angles droits.

On prolonge un des côtés et l'on mène une parallèle à un autre ; la démonstration s'appuie sur la théorie des parallèles et sur le principe que la somme des angles autour d'un point du même côté d'une ligne est égale à deux angles droits. — Trois corollaires.

2. La somme des angles d'un polygone est égale à autant de fois deux angles droits qu'il y a de côtés moins deux.

On divise le polygone en triangles au moyen de diagonales menées du même angle. — Corollaire sur la somme des angles du quadrilatère, du pentagone et de l'hexagone.

3. I. Les côtés opposés d'un parallélogramme sont égaux ainsi que les angles opposés.

On tire une diagonale, la démonstration s'appuie sur la théorie des parallèles et sur celle des triangles égaux. — Corollaire sur les parallèles comprises entre parallèles.

II. Si dans un quadrilatère les côtés opposés sont égaux, les côtés égaux sont parallèles et la figure est un parallélogramme.

Démonstration analogue à la précédente.

III. Si deux côtés opposés d'un quadrilatère sont égaux et parallèles, les deux autres sont pareillement égaux et parallèles, et la figure est un parallélogramme.

Démonstration analogue.

IV. Les deux diagonales d'un parallélogramme se coupent mutuellement en deux parties égales.

Egalité de triangles, résultant de ce qu'ils ont un côté égal compris entre deux angles égaux chacun à chacun.

4. Les deux diagonales du losange se coupent mutuellement à angles droits.

Égalité de triangles, résultant de ce qu'ils ont les trois côtés égaux chacun à chacun.

N° 24.

1. Définition de la circonférence du cercle, etc. — 2. Les cordes égales sous-tendent des arcs égaux, et réciproquement.

1. La circonférence du cercle est une ligne courbe dont tous les points sont également distants d'un point pris dans l'intérieur et qu'on appelle *centre*.

Le cercle est l'espace terminé par la circonférence.

Autres définitions : rayon, diamètre, arc, corde, segment, secteur, sécante, tangente, angle inscrit, triangle inscrit, figure inscrite, polygone cirsconscrit.

Théorème. Toute corde est plus courte que le diamètre.

On mène un diamètre par une extrémité de la corde et un rayon par l'autre extrémité. On démontre d'après le principe que la ligne droite est plus courte que la ligne brisée.

2. Dans le même cercle ou dans des cercles égaux, les cordes égales sous-tendent des arcs égaux, et réciproquement.

Menant des rayons aux extrémités des cordes, on a des triangles égaux, ce qui donne des angles au centre égaux. La superposition des demi-circonférences fait coïncider les rayons et leurs extrémités, qui sont aussi les extrémités des arcs. — Pour la réciproque, la superposition des circonférences fait coïncider les arcs égaux dont les extrémités sont aussi celles des cordes.

Nº 25.

THEORÈMES. — 1. Sur le rayon perpendiculaire à une corde. — 2. Sur les cordes égales ou inégales. — 3. Sur la perpendiculaire menée à l'extrémité du rayon. — 4. Sur les parallèles menées dans le cercle.

1. Le rayon perpendiculaire à une corde divise cette corde et l'arc sous-tendu en deux parties égales.

On mène des rayons aux extrémités de la corde et l'on démontre d'après ce principe que les obliques égales s'écartent également du pied de la perpendiculaire. Pour la division de l'arc, la démonstration s'appuie sur ce que tous les points d'une perpendiculaire sur le milieu d'une droite sont également distants des extrémités de cette droite, et sur ce que les cordes égales sous-tendent des arcs égaux. — *Scolie* sur la direction de la perpendiculaire au milieu d'une corde.

2. Deux cordes égales sont également éloignées du centre, et de deux cordes inégales la plus petite est la plus éloignée.

Elevant une perpendiculaire du centre sur les cordes, et menant des rayons à l'une des extrémités de chaque corde, on a des triangles rectangles égaux, d'où l'on conclut l'égalité de distance. On démontre la seconde partie du théorème en s'appuyant sur ce principe que la perpendiculaire est plus courte que toute oblique.

3. La perpendiculaire menée à l'extrémité du rayon est une tangente.

Tout autre point de la perpendiculaire est joint au centre par une oblique, et toute oblique est plus longue que le rayon perpendiculaire, d'où, etc. — *Scolie.* On ne peut mener par un point de la circonférence qu'une seule tangente.

4. Deux parallèles interceptent sur la circonférence des arcs égaux.

1° Si les parallèles sont sécantes, on mène un rayon perpendiculaire aux deux parallèles; les arcs sont alors divisés en parties égales, un simple calcul donne la démonstration.

2° Si l'une des parallèles est tangente, l'autre sécante, il y a une démonstration analogue.

3° Si les deux parallèles sont tangentes, on mène une parallèle sécante, et le cas est ramené à 2°.

N° 26.

Théorèmes sur les cercles qui se coupent ou se touchent.

1° Si les deux circonférences sont extérieures sans se toucher, la ligne qui joint les centres est plus grande que la somme des rayons. — Évident.

2° Si elles sont tangentes extérieurement, la distance des centres est égale à la somme des rayons. — Évident.

3° Si elles sont tangentes intérieurement, la ligne des centres est égale à la différence des rayons. — Évident.

4° Si elles se coupent, la distance des centres est plus petite que la somme des rayons et plus grande que leur différence.

Car dans ce cas le triangle formé par la ligne des centres et les rayons menés au point d'intersection est toujours possible, et l'on aura la ligne des centres, côté du triangle, plus petite que la somme des rayons, et plus grande que leur différence. — *Corollaire.* La ligne des centres est perpendiculaire à la ligne qui joint les points d'intersection.

5° Si les circonférences sont intérieures sans se toucher, la distance des centres est moindre que la différence des rayons.

Un calcul de lignes donne la démonstration. — *Scolie.* Les réciproques sont vraies.

N° 27.

MESURE DES ANGLES. — 1. Cas où l'angle a son sommet au centre d'un cercle. — 2. Cas où le sommet est placé sur la circonférence. — 3. Cas où il est dans l'intérieur d'un cercle. — 4. Cas où il est au dehors.

1. L'angle au centre a pour mesure l'arc compris entre ses côtés.

Cela résulte des deux théorèmes suivants : 1° Les angles au centre égaux interceptent des arcs égaux. 2° Les angles au centre sont entre eux dans le même rapport que les arcs interceptés.

On démontre le premier théorème par la superposition, ou en joignant les extrémités des arcs : on obtient ainsi des triangles isocèles égaux. Pour démontrer le second théorème on prend un petit arc qui soit la commune mesure des arcs donnés, on divise ceux-ci en parties égales au petit arc et l'on mène des rayons par chacun des points de division ; les angles sont alors divisés en autant de parties égales que les arcs. — Division de la circonférence en 360 °.

2. L'angle dont le sommet est à la circonférence a pour mesure la moitié de l'arc compris entre ses côtés.

1° Si l'un des côtés de l'angle est diamètre, on mène un second diamètre parallèle à l'autre côté : on fait voir que ce diamètre divise en deux parties égales l'arc intercepté ; on s'appuie pour cela sur l'égalité des angles correspondants et des angles opposés au sommet.

2° Si les côtés sont deux cordes comprenant le centre du cercle, on mène par le sommet de l'angle un diamètre, et l'on rentre dans le cas précédent.

3° Si les côtés de l'angle laissent le centre en dehors, on mène aussi un diamètre par le sommet de l'angle.

4° Si l'angle est formé par une corde et une tangente, on fait encore de même. On a alors un angle droit et un angle formé par une corde et un diamètre. — *Corollaire* sur les angles inscrits dans le même segment.

3. L'angle qui a son sommet dans l'intérieur du cercle a pour mesure la moitié de l'arc compris entre ses côtés, plus la moitié de l'arc compris entre les côtés de l'angle qui lui est opposé au sommet.

Par le point où le prolongement d'un des côtés coupe la circonférence, on mène une parallèle à l'autre côté : on a des arcs égaux interceptés par ces parallèles, et des angles correspondants ; la démonstration s'achève par le calcul des arcs.

4. L'angle qui a son sommet en dehors de la circonférence a pour mesure la moitié de l'arc concave moins la moitié de l'arc convexe compris entre ses côtés.

Par le point où un des côtés coupe la circonférence, on mène une parallèle à l'autre côté. La démonstration est analogue à la précédente.

N° 28.

PROBLÈMES. — 1. On propose de mener des perpendiculaires. — 2. De faire un angle égal à un autre. — 3. De mener une parallèle à une droite donnée. — 4. De partager un angle ou un arc en deux parties égales. — 5. De construire un triangle avec trois de ses parties (pourvu qu'il y ait parmi celles-ci un côté).

1. 1° Élever une perpendiculaire au milieu d'une droite.

La solution repose sur ce principe que des obliques égales s'écartent également du pied de la perpendiculaire, et que par deux points on ne peut faire passer qu'une droite.

2° Par un point pris sur une droite élever une perpendiculaire.

En prenant de part et d'autre du point donné des distances égales on ramène ce problème au précédent.

3° D'un point donné hors d'une droite abaisser une perpendiculaire à cette droite.

Du point donné on décrit un arc de cercle qui coupe la droite en deux points et le problème est ramené au précédent.

2. Faire un angle égal à un angle donné.

On sait que les angles égaux sous-tendent des arcs égaux.

3. Par un point donné mener une parallèle à une droite.

La solution repose sur le même principe, et sur la théorie des parallèles.

4. Partager un angle ou un arc en deux parties égales.

On sait que le rayon perpendiculaire divise la corde et l'arc sous-tendu en deux parties égales.

5. Construire un triangle avec trois de ses parties.

1° Étant donnés deux côtés et l'angle qu'ils comprennent.

La solution repose sur le principe de l'égalité des triangles ayant un angle égal compris entre côtés égaux.

2° Étant donnés un côté et deux angles.

Si les deux angles sont adjacents au côté donné on résout d'après ce principe que les triangles qui ont un côté égal adjacent à deux angles égaux sont égaux. Si l'un des angles est adjacent, l'autre opposé, on cherche le troisième angle.

3° Étant donnés les trois côtés.

4° Étant donnés deux côtés de l'angle opposé à l'un d'eux.

Il y a deux cas: l'angle opposé est droit ou obtus, ou bien il est aigu; ce dernir cas donne lieu à une discussion.

N° 29.

PROBLÈME. — On propose de mener une tangente au cercle par un point pris sur la circonférence ou au dehors.

1° Mener une tangente par un point pris sur la circonférence.

On sait que la tangente est perpendiculaire au rayon mené à ce point.

2° Mener une tangente par un point pris hors de la circonférence.

On joint ce point avec le centre du cercle ; sur cette ligne comme diamètre, on décrit un cercle qui coupe le cercle donné en deux points qui sont les points de contact de deux tangentes : on a donc une double solution. On démontre par le principe que l'angle inscrit dans une demi-circonférence est un angle droit.

N° 30.

On propose de construire un segment de cercle capable d'un angle donné.

A l'extrémité d'une ligne donnée ou prise à volonté, on fait un angle égal à l'angle donné. On élève une perpendiculaire sur le milieu de la ligne donnée et formant côté de l'angle construit, et une seconde perpendiculaire sur l'autre côté prolongé, au point où est le sommet de l'angle. Ces deux perpendiculaires se coupent en un point qui sera le centre d'un cercle ayant pour rayon la distance de ce point au point où est le sommet de l'angle. Décrivant le cercle on a le segment demandé. La démonstration se fait d'après les théorèmes de la mesure des angles inscrits.

N° 31.

DEFINITIONS. Des figures équivalentes. Des figures semblables, etc.

THEORÈMES. 1. Sur l'aire du rectangle.—2. Du parallélogramme. 3. Du triangle. — 4. Du trapèze.

Figures équivalentes. Figures dont les surfaces sont égales.

Figures égales. Figures qui, étant appliquées l'une sur l'autre, coïncident dans tous leurs points.

Figures semblables. Figures qui ont les angles égaux et les côtés homologues proportionnels.

Autres définitions : arcs semblables, secteurs et segments semblables; hauteur du parallélogramme, du triangle et du trapèze.

1. L'aire du rectangle est égale au produit de la base par la hauteur,

On démontre en divisant la base et la hauteur en autant de parties que l'unité linéaire y est contenue, et en menant des droites par chacun des points de division, on obtient ainsi autant de carrés qu'il y a d'unités dans le produit des unités de la hauteur, et chacun de ces carrés est égal à l'unité de surface.

2. L'aire du parallélogramme est égale au produit de sa base par sa hauteur.

On fait voir que tout parallélogramme est équivalent à un rectangle de même base et de même hauteur : pour cela on construit ce rectangle et l'on démontre par les triangles semblables que ces deux figures sont équivalentes.

Corollaire sur les parallélogrammes de même base ou de même hauteur.

3. L'aire d'un triangle est égale au produit de la base par la moitié de la hauteur.

On démontre que tout triangle est la moitié d'un parallélogramme de même base et de même hauteur. — *Corollaire* sur les triangles de même base ou de même hauteur.

4. L'aire du trapèze est égale à sa hauteur multipliée par la ligne qui joint les milieux des côtés non parallèles ; ou bien à la hauteur multipliée par la demi-somme des côtés parallèles.

1° Par le milieu d'un des côtés non parallèles, on mène une parallèle à l'autre côté, on obtient ainsi un parallélogramme qui sera équivalent au trapèze, ce que l'on prouve au moyen des triangles semblables. Par ce même point milieu, on mène une parallèle à la base du parallélogramme construit : cette base et sa parallèle sont égales, comme parallèles comprises entre parallèles ; on peut donc prendre l'une pour l'autre ; on conclut de l'aire du parallélogramme l'aire du trapèze.

2° On démontre que l'aire du trapèze est égale au produit de la hauteur par la demi-somme des côtés parallèles, en faisant voir que cette demi-somme est égale à la ligne qui joint les milieux des côtés non parallèles.

N° 32.

Propriété du triangle rectangle. Carré de l'hypoténuse, etc.

Le carré fait sur l'hypoténuse d'un triangle rectangle est égal à la somme des carrés faits sur les deux autres côtés.

On construit un carré sur chacun des trois côtés; on abaisse du sommet de l'angle droit une perpendiculaire sur l'hypoténuse, on la prolonge jusqu'au côté du carré parallèle à l'hypoténuse, ce carré est ainsi divisé en deux parallélogrammes. On mène deux diagonales convenables, on a ainsi deux triangles égaux parce qu'il ont un angle égal compris entre côtés égaux chacun à chacun (il faut démontrer l'égalité de ces angles, c'est la partie la plus importante de la démonstration du théorème). L'un de ces triangles est la moitié du parallélogramme faisant partie du carré construit sur l'hypoténuse, l'autre est la moitié du carré construit sur un des côtés de l'angle droit, parce qu'ils ont même base et même hauteur. On conclut que le parallélogramme est l'équivalent du carré. Même démonstration pour le second parallélogramme et l'autre carré.

Corollaires. 1° Valeur du carré fait sur l'un des côtés de l'angle droit. — 2° Carré fait sur la diagonale d'un carré. — 3° Le rapport du carré de l'hypoténuse avec le carré fait sur un des côtés de l'angle droit, est égal au rapport de l'hypoténuse avec la projection de ce côté. — 4° Le rapport des carrés faits sur les côtés de l'angle droit est égal au rapport des projections de ces côtés.

N° 33.

THÉORÈMES. — 1. Sur la ligne menée parallèlement à la base d'un triangle. — 2. Sur les triangles semblables. — 3. Sur les droites qui se coupent dans le cercle ou hors du cercle.

1. La ligne menée parallèlement à la base d'un triangle divise les côtés en parties proportionnelles.

On mène des diagonales convenables, on a deux triangles équivalents; le reste de la démonstration se fait en s'appuyant sur ce principe que les triangles de même hauteur sont entre eux comme leurs bases. — *Corollaire.* Rapports égaux entre chacun des côtés et l'une de ses parties. — Réciproque.

La ligne qui divise l'angle d'un triangle en deux parties égales divise la base en deux segments proportionnels aux côtés adjacents.

On mène une parallèle à la bissectrice et l'on prolonge le côté opposé à l'angle d'où part la parallèle. La démonstration s'appuie sur la théorie des parallèles et sur le théorème précédent.

2. I. Deux triangles équiangles ont les côtés homologues proportionnels et sont semblables.

On démontre par le théorème 1 ci-dessus.

II. Deux triangles qui ont les côtés homologues proportionnels sont équiangles et semblables.

Démonstration par le théorème précédent et par la comparaison de la proportion qui en résulte avec la proportion donnée.

III. Deux triangles qui ont un angle égal compris entre côtés proportionnels sont semblables.

Démonstration analogue.

IV. Deux triangles qui ont les côtés homologues parallèles ou perpendiculaires chacun à chacun sont semblables.

1° On démontre par le principe de l'égalité des angles dont les côtés sont parallèles.

2° On prolonge les côtés perpendiculaires, on a trois quadrilatères. La démonstration s'appuie sur le principe que la somme des angles d'un quadrilatère est égale à quatre angles droits, et sur celui-ci : que la somme des angles adjacents est égale à deux droits. — *Scolie* sur les côtés homologues.

V. Si de l'angle droit d'un triangle rectangle on abaisse une perpendiculaire sur l'hypoténuse : 1° les deux triangles partiels seront semblables entre eux et au triangle donné ; 2° chaque côté de l'angle droit du grand triangle sera proportionnel entre l'hypoténuse et sa propre projection sur l'hypoténuse ; 3° la perpendiculaire sera moyenne proportionnelle entre les deux segments de l'hypoténuse.

On fait voir d'abord que les triangles sont semblables, parce qu'ils sont équiangles. La démonstration des autres propositions se tire du principe de la proportinnalité des côtés homologues. — *Corollaire* sur le triangle inscrit dans la demi-circonférence, quant à la perpendiculaire abaissée du sommet sur le diamètre, et quant aux cordes. — *Scolie.* On ire de ces théorèmes celui du carré de l'hypoténuse.

3. I. Les parties des deux cordes qui se coupent dans un cercle sont réciproquement proportionnelles.

On joint les points où l'une et l'autre corde coupée touche à la circonférence, on a ainsi deux triangles semblables dont les côtés homologues sont proportionnels.

II. Si d'un point pris hors du cercle on mène deux sécantes terminées à l'arc concave qu'elles comprennent, les sécantes entières sont réciproquement proportionnelles à leurs parties extérieures.

On joint comme précédemment les points où l'une et l'autre sécante rencontre la circonférence : la démonstration est analogue.

III. Si d'un point pris hors du cercle on mène une tangente et une sécante, la tangente sera moyenne proportionnelle entre la sécante et sa partie extérieure.

On joint le point tangent aux points où la sécante rencontre la circonférence, on a deux triangles semblables dont les côtés homologues sont proportionnels.

N° 34.

PROBLÈMES. — 1. On propose de diviser une droite en parties égales. — 2. De trouver une quatrième proportionnelle et une moyenne proportionnelle. — 3. De faire un carré équivalent à un polygone — 4. De faire un carré égal à la somme de deux carrés. — 5. De construire un triangle semblable à un triangle donné, et un polygone semblable à un polygone donné.

1. Diviser une droite en parties égales.

La solution est fondée sur le principe que toute parallèle à la base d'un triangle divise les côtés en parties proportionnelles

2. Trouver une quatrième proportionnelle à trois droites données.

Solution fondée sur le même principe.

2 *bis*. Trouver une moyenne proportionnelle entre deux lignes données.

La solution résulte du théorème sur la perpendiculaire abaissée du sommet d'un angle droit sur l'hypoténuse.

2 *ter*. Diviser une ligne en moyenne et extrême raison.

A l'extrémité de la droite, on élève une perpendiculaire égale à la moitié de cette droite, et avec cette moitié pour rayon on décrit un cercle du point extrême de la perpendiculaire comme centre. On mène une sécante par le centre et l'autre extrémité de la droite donnée, la partie extérieure de la sécante, reportée sur la droite donnée, est la moyenne raison demandée; le reste de la droite est l'extrême raison. On démontre par le théorème de la tangente et de la sécante menées d'un même point.

3. Faire un carré équivalent à un polygone. — 1º Un carré équivalent à un parallélogramme.

Le côté du carré est la moyenne proportionnelle entre la base et la hauteur du parallélogramme ;

2º Un carré équivalent à un triangle donné.

Le côté du carré est la moyenne proportionnelle entre la base et la moitié de la hauteur du triangle.

3º Un carré équivalent à un polygone.

On fait un triangle équivalent à un polygone et le problème est ramené au précédent.

4. Faire un carré égal à la somme de deux carrés.

On résout par le théorème du carré de l'hypoténuse. — *Scolie* sur le carré égal à la différence de deux carrés.

5. Construire un triangle semblable à un triangle donné, et un polygone semblable à un polygone donné.

1° On fait aux extrémités du côté donné ou pris à volonté des angles égaux à deux angles du triangle donné : les troisièmes angles seront égaux.

2° Pour faire un polygone semblable à un polygone donné, on divise le polygone en triangles au moyen de diagonales ; le problème est ramené au précédent.

N° 35.

THEORÈMES. — 1. Tout polygone régulier peut être inscrit dans le cercle et lui être circonscrit. — 2. Inscrire un carré. — 3. Inscrire un hexagone régulier et un triangle équilatéral dans un cercle. — 4. Aire des polygones réguliers. — 5. Aire du cercle.

1. Tout polygone régulier peut être inscrit dans un cercle et peut lui être circonscrit.

On fait passer un cercle par le sommet de trois angles successifs du polygone, on abaisse du centre une perpendiculaire sur le milieu d'un des côtés, et l'on mène des rayons au second angle du polygone à gauche et à droite de la perpendiculaire : on a ainsi deux quadrilatères égaux, parce qu'en les superposant ils coïncident dans toute leur étendue : on conclut de là l'égalité des deux rayons que l'on a menés, ce qui prouve que le cercle passera par le sommet du quatrième angle du polygone, ainsi de suite. — Pour démontrer que le polygone peut être circonscrit à un cercle, on s'appuie sur ce que les côtés du polygone sont des cordes égales et partant également éloignées du centre. — *Problèmes.* Faire passer une circonférence par trois points. Trouver le centre d'un cercle.

2. Inscrire un carré dans une circonférence donnée.

On tire deux diamètres qui se coupent à angles droits et l'on joint leurs extrémités. — *Scolie.* Le côté du carré inscrit est au rayon $:: \sqrt{2} : 1$.

3. Inscrire un hexagone régulier et un triangle équilatéral.

Le côté de l'hexagone régulier est égal au rayon ; on le

prouve en menant des rayons à deux angles successifs et en faisant voir que le triangle qui en résulte est équilatéral. — Pour inscrire le triangle équilatéral, il suffit de joindre alternativement les sommets des angles de l'hexagone.

4. L'aire du polygone régulier est égale à son périmètre multiplié par la moitié du rayon du cercle inscrit.

Si l'on mène des rayons au sommet de chacun des angles du polygone, celui-ci sera divisé en autant de triangles égaux qu'il y a de côtés. Or chacun de ces triangles a pour mesure la base (côté du polygone) par la moitié de sa hauteur, et cette hauteur est l'apothème ou rayon du cercle inscrit ; donc, etc.

5. L'aire du cercle est égale au produit de sa circonférence par la moitié du rayon.

Car le cercle peut être considéré comme un polygone régulier d'une infinité de côtés dont la somme est la circonférence même et qui a le rayon pour apothème. — *Scolie.* Circonf. $C = 2\pi R$; aire du cercle $= \pi R^2$.

N° 36.

THÉORÈMES. — 1. Les périmètres des polygones réguliers d'un même nombre de côtés sont comme les rayons des cercles inscrits et circonscrits. Leurs surfaces sont comme les carrés de ces même rayons. — 2. Les circonférences des cercles sont comme les rayons, et leurs surfaces comme les carrés des rayons. — 3. Donner une idée de la manière dont on a pu calculer le rapport approché de la circonférence au diamètre. — 4. Quel est le rapport trouvé par Archimède.

1. Les périmètres des polygones réguliers d'un même nombre de côtés sont comme les rayons des cercles circonscrits et comme ceux des cercles inscrits. Leurs surfaces sont entre elles comme les carrés de ces mêmes rayons.

Les rayons des cercles inscrits et des cercles circonscrits forment avec les côtés des polygones des triangles équiangles qui ont leurs côtés homologues proportionnels : d'un autre côté les polygones sont entre eux comme leurs côtés. — On démontre que les surfaces sont entre elles comme les carrés des rayons, en partant de la proportionnalité des côtés homologues et en tirant de là le principe que les surfaces des triangles sont entre elles comme les carrés des côtés homologues.

2. Les circonférences des cercles sont comme leurs rayons et leurs surfaces comme les carrés des rayons.

Car les cercles étant considérés comme des polygones d'une infinité de côtés sont les limites d'une série de polygones réguliers dont le nombre de côtés augmente indéfiniment. Or la proposition précédente est indépendante du nombre des côtés du polygone ; donc, elle est encore vraie à la limite. — *Scolie* Les circonférences sont entre elles comme leurs diamètres.

3. Donner une idée de la manière dont on a pu calculer le rapport approchant de la circonférence au diamètre.

On inscrit un polygone régulier dont on connaît le côté, le rayon étant 1 ; au moyen d'une formule connue, on calcule le côté et par suite le périmètre d'un polygone inscrit d'un nombre double de côtés, puis quadruple, etc. Le périmètre du polygone approche de plus en plus de la circonférence à mesure que le nombre des côtés augmente. On pousse l'approximation autant qu'on le veut, et l'on prend le périmètre du polygone pour celui de la circonférence, on a ainsi à moins d'une petite fraction la valeur de la circonférence, le rayon étant 1. Il suffit d'en prendre la moitié pour avoir la valeur de la circonférence, le diamétre étant 1 : on trouve de cette manière $\pi = 3,14159$.

Une autre méthode consiste à inscrire et circonscrire à la circonférence des polygones réguliers d'un même nombre de côtés, dont les périmètres sont connus, le rayon étant pris pour unité ; puis des polygones d'un nombre de côtés double, quadruple, etc. Les périmètres approchent de plus en plus de la circonférence qui est toujours comprise entre les deux. On pousse l'approximation aussi loin que l'on veut, et l'on prend la moyenne de ces deux périmètres pour valeur de la circonférence, etc.

4. Archimède a trouvé le rapport $\frac{22}{7}$ exact à moins de $\frac{1}{7}$. Métius a trouvé la valeur plus approchée $\frac{355}{113}$.

N° 37.

I. Définition de la perpendiculaire au plan.
II. THEOREMES. — 1. Une ligne droite ne peut être en partie dans un plan, et en partie au dehors. — 2. Deux lignes droites qui se coupent sont dans un même plan. — 3. L'intersection de deux plans est une ligne droite. — 4. Si une droite est perpendiculaire à deux autres qui se croisent à son pied dans un plan, elle sera perpendiculaire à ce plan.

I. Une ligne droite est perpendiculaire à un plan, lorsqu'elle est perpendiculaire à toutes les droites qui passent par son pied dans ce plan. Réciproquement, le plan est perpendiculaire à la ligne.

II. *Théorèmes.* **1.** Une droite ne peut être en partie dans un plan et en partie au dehors.

Cela résulte de la définition du plan (nº 20).

2. Deux lignes droites qui se coupent sont dans un même plan et en déterminent la position.

On fait passer un plan par une des droites et on le rabat sur un point de la seconde, qui dès lors a deux points dans ce plan. — *Corollaires.* Un triangle ou trois points déterminent la position d'un plan. Deux parallèles la déterminent aussi.

3. L'intersection des deux plans est une ligne droite.

La démonstration repose sur ce principe que trois points déterminent la position d'un plan.

4. Si une droite est perpendiculaire à deux autres qui passent par son pied dans le plan, elle est perpendiculaire à toute autre droite menée par son pied dans le même plan, et ainsi elle sera perpendiculaire au plan.

On prolonge d'une quantité égale la perpendiculaire au-dessous du plan : on joint ces deux extrémités à trois points en ligne droite pris respectivement sur les trois lignes qui passent par le pied de la perpendiculaire. On démontre par l'égalité des triangles, et par le théorème des obliques s'écartant également du pied de la perpendiculaire.

N° 38.

I. 1. Définition de la parallèle au plan, des plans parallèles. — 2. Comment mesure-t-on l'angle de deux plans? — 3. Définition du plan perpendiculaire.

II. THÉORÈMES. 1. La ligne parallèle à une droite située dans un plan est parallèle à ce plan. — 2 Les intersections de deux plans parallèles par un troisième sont parallèles. — 3. Une droite étant perpendiculaire à un plan, tout plan conduit par cette droite sera perpendiculaire au premier. — 4. Si deux plans sont perpendiculaires entre eux, et que dans l'un d'eux on mène une perpendiculaire à l'intersection commune, cette ligne sera perpendiculaire à l'autre plan et réciproquement.

I. **1**. Une ligne est parallèle à un plan, lorsqu'elle ne peut le rencontrer à quelque distance qu'on les prolonge l'un et l'autre. Réciproquement le plan est parallèle à la ligne. — Deux plans sont parallèles, lorsqu'ils ne peuvent se rencontrer, à quelque distance qu'ils soient prolongés.

2. L'angle des deux plans ou angle dièdre se mesure par l'angle rectiligne que font entre elles les deux perpendiculaires menées respectivement dans ces plans au même point de leur intersection.

3. Deux plans sont perpendiculaires l'un à l'autre lorsque l'angle rectiligne qu'ils forment est droit.

II. *Théorèmes.* **1**. La ligne parallèle à une droite située dans un plan est parallèle à ce plan.

On fait passer un plan par les deux lignes ; la ligne donnée ne pourrait rencontrer le plan donné qu'à l'intersection des deux plans, or cette intersection est l'autre parallèle ; donc, etc.

2. Les intersections de deux plans parallèles par un troisième sont parallèles.

Car si elles se rencontraient, les plans dans lesquels elles sont situées se rencontreraient aussi, ce qui est contre l'hypothèse.

3. Une droite étant perpendiculaire à un plan, tout plan conduit par cette droite sera perpendiculaire au premier.

Dans le plan donné, on mène au pied de la droite une perpendiculaire à l'intersection des deux plans, on a ainsi un angle droit qui mesure l'angle dièdre.

4. Si deux plans sont perpendiculaires entre eux et que dans l'un d'eux on mène une perpendiculaire à l'intersection commune, cette ligne sera perpendiculaire à l'autre plan et réciproquement.

Les deux plans étant perpendiculaires, l'angle rectiligne qui mesure leur inclinaison est droit, donc un des côtés de cet angle est perpendiculaire à l'autre et à l'intersection des plans, elle est donc perpendiculaire au plan, et réciproquement d'après la définition (nº 37-I).

Nº 39.

THEORÈMES. 1. Si deux droites sont parallèles et que l'une d'elles soit perpendiculaire à un plan, l'autre sera aussi perpendiculaire à ce plan. — 2. Réciproquement, si deux droites sont perpendiculaires à un même plan, elles seront parallèles entre elles.

1. Si deux droites sont parallèles et que l'une d'elles

soit perpendiculaire à un plan, l'autre sera aussi perpendiculaire à ce plan.

On fait passer un plan par ces deux parallèles, elles seront toutes deux perpendiculaires à l'intersection des deux plans. Or ces plans sont perpendiculaires entre eux ; donc l'angle rectiligne formé par la seconde des parallèles et une droite menée par son pied est droit ; donc, etc.

2. Réciproquement, si deux droites sont perpendiculaires au plan, elles sont parallèles.

Car elles seront, dans un même plan, perpendiculaires à la même droite, intersection des deux plans.

N° 40.

I. Définition des polyèdres, du prisme, du parallélipipède, du cube, de la pyramide, des polyèdres semblables et des polyèdres réguliers.

II. THÉORÈMES. — 1. Solidité du parallélipipède rectangle. — 2. D'un parallélipipède quelconque.

I. 1° On appelle *polyèdre* un solide terminé par des plans ou des faces planes dont les intersections sont des lignes droites nommées arêtes ou côtés. — Angle solide.

2°. Le *prisme* est un solide compris sous plusieurs plans parallélogrammes, et dont les deux bases sont deux plans polygones égaux et parallèles. — Prisme droit, prisme oblique, hauteur.

3° Le *parallélipipède* est un prisme qui a pour base un parallélogramme. — Parallélipipède rectangle. — Cube.

4° La *pyramide* est un solide compris sous plusieurs plans triangulaires qui partent d'un point appelé sommet et se terminent aux différents côtés d'un plan polygonal formant la base de la pyramide. — Pyramide triangulaire, quadrangulaire, etc., hauteur.

5° Deux *polyèdres* sont *semblables* lorsque leurs faces sont semblables chacune à chacune, semblablement placées et pareillement inclinées entre elles.

6° On appelle *polyèdre régulier* le polyèdre dont toutes les faces sont des polygones réguliers égaux, et dont tous les angles solides sont égaux entre eux. — Les 5 polyèdres réguliers sont le tétraèdre, l'octaèdre, l'icosaèdre, le cube et le dodécaèdre. — *Scolie*. Pourquoi on ne peut former que les cinq polyèdres réguliers.

II. *Théorèmes*. **1**. Solidité du parallélipipède rectangle. Elle est égale au produit de la base par la hauteur.

On décompose en petits cubes égaux à l'unité de volume.

2. La solidité d'un parallélipipède quelconque est égale au produit de sa base par sa hauteur.

Car tout parallélipipède peut être changé en un parallélipipède rectangle équivalent. Pour démontrer cela, il faut admettre comme démontré que si deux parallélipipèdes ont une base commune, et que leurs bases supérieures soient comprises dans un même plan et entre les mêmes parallèles, ces deux parallélipipèdes sont équivalents.

N° 41.

1. Solidité du prisme triangulaire. — 2. Solidité d'un prisme quelconque.

1. La solidité du prisme triangulaire est égale au produit de sa base par sa hauteur.

Car tout prisme triangulaire est la moitié d'un parallélipipède de même hauteur et de base double.

2. La solidité d'un prisme quelconque est égale au produit de sa base par sa hauteur.

Un prisme quelconque peut être décomposé en autant de prismes triangulaires que le polygone de la base a de côtés moins deux.

N° 42.

1. Solidité de la pyramide triangulaire. — 2. Solidité d'une pyramide quelconque.

1. La solidité d'une pyramide triangulaire est égale au tiers du produit de sa base par sa hauteur.

Car la pyramide triangulaire est le tiers du prisme droit de même base et de même hauteur. On le prouve en décomposant le prisme en trois pyramides triangulaires, et en démontrant que ces pyramides sont équivalentes.

2. La solidité d'une pyramide quelconque est égale au tiers du produit de sa base par sa hauteur.

On mène des diagonales qui divisent la base en triangles; par chacune de ces diagonales et le sommet de la pyramide, on fait passer des plans qui partagent la pyramide donnée en pyramides triangulaires, etc.

N° 43.

I. — 1. Définitions du cylindre, du cône et de la sphère. — 2. Sections de ces trois solides par des plans.

II. THÉORÈMES — 1. Solidité du cylindre. — 2. Solidité du cône. — 3. Solidité de la sphère.

I. **1**. 1° Le *cylindre* est un solide engendré par la révolution d'un rectangle autour d'un de ses côtés.—Axe ou hauteur, base, surface convexe.

2° Le *cône* est le solide engendré par la révolution d'un triangle rectangle autour d'un des côtés de l'angle droit. — Axe ou hauteur, base, surface convexe

3° La *sphère* est un solide terminé par une surface courbe dont tous les points sont également distants d'un point intérieur qu'on appelle *centre*. Elle est engendrée par la révolution d'un demi-cercle autour de son diamètre.

2. 1° Sections du cylindre. Perpendiculairement à l'axe, *cercle* égal à chacune des bases ; suivant l'axe, *rectangle* double du rectangle générateur.

2°. Sections du cône. Parallèlement à la base, *cercle* plus petit. Suivant l'axe, *triangle isocèle* double du triangle générateur. Obliquement à l'axe : *ellipse*. Parallèlement au côté : *parabole*. Par un plan qui coupe obliquement le cône de manière à pouvoir couper aussi un second cône semblable au premier et qui lui serait opposé par le sommet : *hyperbole*.

3° Sections de la sphère. Toute section est un *cercle*: grand, si le plan sécant passe par le centre ; petit, s'il n'y passe pas.

II. *Théorèmes*. **1**. Le volume du cylindre est égal au produit de sa base par sa hauteur.

Le cylindre est un prisme ayant pour base un polygone d'une infinité de côtés.

2. Le volume du cône est égal au tiers du produit de sa base par sa hauteur.

Le cône est une pyramide dont la base est un polygone d'une infinité de côtés.

3. Le volume de la sphère est égal au tiers du produit de sa surface par son rayon.

On peut considérer la sphère comme un polyèdre formé d'une infinité de pyramides dont les sommets sont tous au centre et dont les bases infiniment petites forment la surface de la sphère.— *Scolie*. La surface de la sphère égale la circonférence du grand cercle multipliée par le diamètre, ou $S = 2\pi R \times 2R = 4\pi R^2$; on a donc : volume de la sphère $= \frac{4\pi R^2 \times R}{3} = \frac{4}{3}\pi R^3$.

N° 44.

THÉORÈMES. — 1. Surface du cylindre. — 2. Surface du cône. — 3. Surface du cône tronqué. — 4. Surface de la sphère. — 5. Surface de la zone.

1. La surface convexe du cylindre est égale au produit de la circonférence de sa base par sa hauteur.

Car le cylindre peut être être considéré comme un prisme d'une infinité de côtés.

2. La surface du cône est égale au produit de la circonférence de sa base par la moitié de son côté.

En effet le cône peut être considéré comme une pyramide d'une infinité de côtés : la surface convexe du cône est donc formée d'une infinité de triangles dont les bases forment la circonférence de la base et ayant tous pour hauteur le côté du cône.

3. La surface du cône tronqué est égale au produit de la demi-somme des circonférences de ses deux bases par le côté.

Dans le plan de la section suivant l'axe, on mène à l'extrémité du côté qui touche la base une perpendiculaire à ce côté, et d'une longueur équivalente à la circonférence de la base ; on joint l'extrémité de cette ligne au sommet du cône entier ; on mène une parallèle à cette droite, par l'autre extrémité du côté du tronc de cône. On démontre par la similitude des triangles. — *Remarque*. On démontre aussi que la surface convexe du tronc de cône est égale au côté multiplié par la circonférence d'une section faite à égale distance des deux bases et parallèlement à ces bases.

4. La surface de la sphère est égale au produit de la circonférence de son grand cercle par son diamètre.

Voir la démonstration.

5. La surface de la zone est égale à sa hauteur multipliée par la circonférence du grand cercle.

Cela résulte du théorème précédent.

ALGÈBRE.

N° 45.

1. Préliminaire. Emploi des lettres pour représenter les nombres. Avantages qui en résultent. — 2. Signes des opérations — 3. Coefficients. — 4. Exposants. Notions sur les puissances. — 5. Distinction des quantités algébriques en monomes et polynomes. — 6. Qu'entend-on par termes semblables? — 7. Réduction des termes semblables quand il s'en rencontre.

1. L'*Algèbre* est la science des nombres considérés en général. L'objet qu'on se propose plus spécialement dans cette partie des mathématiques est de reconnaître quelles sont les opérations qu'il faut faire sur des nombres connus pour obtenir d'autres nombres inconnus qui sont liés au premiers par certaines relations déterminées.

On emploie les lettres pour représenter les nombres en général; on désigne les quantités connues par les premières lettres de l'alphabet, et les inconnues par les dernières lettres, x, y, z.

Les avantages qui résultent de l'emploi des lettres pour représenter les nombres consistent principalement en ce que, par ce moyen, on parvient à des résultats généraux qui indiquent les opérations que l'on doit faire sur les quantités connues pour en déduire immédiatement les valeurs des quantités inconnues, de sorte que ces résultats fournissent la solution générale de tous les problèmes de même nature.

2. Les signes des opérations sont $+$, $-$, $\times$ ou $.$, $\frac{a}{b}$ ou $a : b$; il y a encore les signes $=$, $>$ et $<$. Quantité positive ou additive, quantité négative ou soustractive.

3. On entend par *coefficient* un nombre employé comme facteur devant une quantité. Exemples : $3\,a$, $\frac{2}{3}b$. La quantité $3\,a$ s'écrit par l'abbréviation de $a+a+a$. Un terme sans coefficient est considéré comme s'il avait le coefficient 1. Le signe de la multiplication est sous-entendu entre le coefficient et la lettre, $3a = 3 \times a$. On observe la même convention dans le produit indiqué de facteurs littéraux ; ainsi, au lieu de $a \times b \times c$, on écrit abc.

4. L'*exposant* est un nombre placé à la droite et un peu au-dessus d'une lettre, et qui marque combien de fois la quantité exprimée par cette lettre entre comme facteur dans un produit : ainsi dans a^3 l'exposant 3 indique que a est pris 3 fois facteur ; donc $a^3 = a \times a \times a$.

On appelle *puissance* le produit de plusieurs nombres égaux. Le produit $a \times a = a^2$ est la deuxième puissance ou le carré de a ; de même a^3 troisième puissance ou cube de a, etc. Ainsi l'exposant indique le degré de la puissance. La quantité qui a été employée comme facteur s'appelle *racine*. On indique l'extraction de la racine carrée par le signe $\sqrt{}$ et de la racine cubique par $\sqrt[3]{}$.

5. On appelle *monome* toute expression algébrique d'un seul terme, c'est-à-dire dans laquelle les quantités ne sont pas réunies par le signe $+$ ou le signe $-$. Un *polynome* est une expression algébrique formée de plusieurs termes réunis par le signe $+$ ou le signe $-$; le polynome à deux termes s'appelle *binome* ; à trois termes, *trinome*.

Un monome ou le premier terme d'un polynome qui n'est précédé d'aucun signe, est censé avoir le signe $+$.

Un polynome est ordonné par rapport à une lettre, quand les termes se suivent de manière que les exposants de cette lettre vont en diminuant ou en croissant.

6. On entend par *termes semblables*, ceux qui sont composés des mêmes lettres affectées des mêmes exposants : les signes et les coefficients peuvent être différents.

7. *Réduire* les termes semblables, c'est faire la somme de tous les coefficients précédés du signe +, puis la somme de tous les coefficients précédés du signe —, prendre la différence de ces deux sommes, rendre ce résultat coefficient du nouveau terme et le faire précéder du signe des coefficients qui ont donné la plus grande somme.

N° 46.

Addition et soustraction des quantités algébriques tant entières que fractionnaires.

1° *Addition.* Pour additionner plusieurs quantités algébriques, on écrit tous les termes de ces quantités les uns à la suite des autres avec leurs signes, puis on fait la réduction des termes semblables s'il y a lieu.

2° *Soustraction.* Pour faire la soustraction, on écrit à la suite de la quantité dont on veut soustraire tous les termes de la quantité à soustraire, en changeant le signe de chacun de ces termes, puis on fait la réduction s'il y a lieu ; le résultat exprime la différence.

Démontrer, en s'appuyant sur la définition de la soustraction, que pour ôter $b - c$ de a il faut écrire $a - b + c$ et que cette quantité est la différence demandée.

3° *Addition et soustraction des quantités fractionnaires.* Ces deux opérations se font comme en arithmétique. Si les fractions n'ont pas le même dénominateur, on les réduit préalablement au même dénominateur.

N° 47.

1. Multiplication des quantités algébriques entières. — 2. Règle des coefficients. — 3. Règle des exposants. — 4. Règle des signes. — 5. Multiplication des quantités fractionnaires.

1. *Multiplication des monomes.* Pour multiplier deux ou plusieurs facteurs littéraux, on les écrit à la suite les uns des autres, sans aucun signe intermédiaire ; ainsi le produit $a \times b \times c$ s'écrit abc.

Si les facteurs monomes sont affectés de coefficients, on fait le produit de ces coefficients ; $4a \times 3b = 12ab$.

Si la même quantité monome est multipliée par elle-même un certain nombre de fois, on ne l'écrit qu'une seule fois et on l'affecte d'un exposant qui indique combien de fois elle est facteur : $a \times a \times a = a^3$.

Multiplication des polynomes. Pour effectuer la multiplication de deux polynomes on multiplie successivement tous les termes du multiplicande par chacun des termes du multiplicateur. On commence ordinairement par les termes de gauche, et l'on a soin d'ordonner préalablement les polynomes par rapport à une même lettre, pour faciliter la réduction des produits partiels.

2. *Règle des coefficients.* On multiplie les coefficients l'un par l'autre : $4a \times 3b = 4 \times a \times 3 \times b = 4 \times 3 \times a \times b = 12 \times a \times b = 12\,ab$.

3. *Règle des exposants.* On additionne les exposants d'une même lettre en supposant l'unité pour exposant s'il n'y en a pas d'autre : $a^2 \times a^3 = a^5$, car $a^2 = a \times a$ et $a^3 = a \times a \times a$.

4. *Règle des signes.* Les termes de même signe donnent $+$; les termes de signes contraires donnent —. Démonstration.

5. *Multiplication des quantités fractionnaires.* On multiplie, comme en arithmétique, numérateur par numérateur et dénominateur par dénominateur. — Démonstration.

N° 48.

Division des quantités algébriques. Règle des coefficients, des exposants et des signes.

Toutes les règles de la division algébrique se déduisent des règles de la multiplication.

Règle des coefficients. On divise le coefficient du dividende par le coefficient du diviseur, car le coefficient du diviseur, multiplié par celui du quotient, doit reproduire le coefficient du dividende.

Règle des exposants. On soustrait l'exposant d'une lettre du diviseur de l'exposant de la même lettre du dividende, et l'on écrit en quotient la même lettre avec la différence pour exposant, car en multipliant le diviseur par le quotient, on doit retrouver cette lettre affectée de la somme des exposants.

Règle des signes. Elle est la même que dans la multiplication, parce que dans le produit du diviseur par le quotient, on doit retrouver le signe du dividende.

Remarques. Si une lettre était affectée du même exposant dans le dividende et le diviseur, on ne l'écrirait pas au quotient.

Toute lettre du dividende qui ne se trouve pas au diviseur doit s'écrire au quotient avec son exposant.

Division des polynomes. On ordonne préalablement le dividende et le diviseur par rapport à la même lettre, puis on divise le premier terme à gauche du dividende par le premier terme du diviseur, en observant la règle des signes, celle des coefficients, des lettres et des exposants. On écrit le quotient au dessous du diviseur ; on multiplie tous les termes du diviseur par le terme qu'on vient d'écrire au quotient ; on écrit le produit au-dessous du dividende en changeant tous les signes de ce produit pour le soustraire du dividende. A la suite du reste on abaisse les autres termes du dividende qui n'ont pas été réduits, et l'on continue de la même manière.

Division des quantités fractionnaires. Elle se fait, comme en arithmétique, en multipliant la fraction dividende par la fraction diviseur renversée.

N° 49.

1. Résolution des équations. — 2. Evanouissement des dénominateurs. — 3. Transposition des termes. — 4. Règle générale pour résoudre toute équation du premier degré à une seule inconnue.

1. On appelle *équation* l'ensemble de deux expressions réunies par le signe =, l'une de ces deux expressions au moins renfermant une ou plusieurs inconnues. On appelle *membres* de l'équation chacune des deux expressions réunies par le signe =.

Si les deux membres sont identiques, ils forment une *identité*, et une *égalité* s'ils ne diffèrent que par leur forme.

Résoudre une équation, c'est déterminer toutes les valeurs, qui, mises à la place des inconnues, rendent le premier membre égal au second ; de sorte qu'une équation devient ainsi une égalité ou une identité. Toute valeur qui satisfait à une équation s'appelle *racine* de l'équation.

Une équation est *indéterminée* lorsqu'elle admet une

infinité de racines ; elle est impossible lorsqu'il y a contradiction entre les deux membres, de manière qu'il n'existe aucune valeur numérique qui puisse satisfaire à l'équation.

2. Si une équation renferme des expressions fractionnaires, on commence d'abord par faire *évanouir les dénominateurs* ; pour cela on multiplie tous les termes par le plus petit multiple des dénominateurs, et l'on effectue les réductions nécessaires.

3. *Transposer* un terme, c'est le faire passer d'un membre dans un autre en changeant le signe dont il est affecté.

4. *Règle générale pour résoudre toute équation du premier degré à une seule inconnue.* Le degré d'une équation est déterminé par la somme des exposants des inconnues, dans le terme où cette somme est la plus grande, après qu'on a effectué toutes les opérations indiquées, et chassé les inconnues qui seraient en dénominateur.

Il suit de là que si l'équation ne renferme qu'une inconnue, le degré de cette équation est égal au plus grand exposant de cette inconnue. Ainsi l'équation est du 1er degré si l'exposant de l'inconnue est 1 ; elle est du 2e degré, si l'exposant est 2, etc.

Pour résoudre une équation du 1er degré, on chasse les dénominateurs s'il y en a, on effectue les opérations indiquées, puis on transpose dans un même membre tous les termes où se trouve l'inconnue, et dans l'autre membre tous les termes connus. S'il y a lieu, on ramène tous les termes qui renferment l'inconnue en un seul terme qui sera le produit de l'inconnue par une quantité connue; enfin on divise les deux membres par le coefficient de l'inconnue; le quotient est la valeur de cette inconnue.

N° 50.

1. Résolution de plusieurs équations du premier degré à plusieurs inconnues. — 2. Élimination. — 3. Problèmes qui dépendent du premier degré — 4. Règles générales pour trouver les équations d'un problème. — 5. Résolution des équations du deuxième degré à une seule inconnue.

1. Résoudre un système de plusieurs équations du 1er degré à plusieurs inconnues, c'est déterminer pour chaque inconnue une valeur telle, qu'en remplaçant ces inconnues par leurs valeurs respectives, les équations se changent en égalités. Il faut autant d'équations que d'inconnues.

2. Éliminer une inconnue, c'est la faire disparaître de l'équation qui la renferme. Trois méthodes d'élimination : par substitution, par comparaison, par réduction.

1° Par *substitution*. Supposons deux équations à deux inconnues : on tire d'une équation la valeur d'une inconnue, et on la substitue à cette inconnue dans l'autre équation ; on n'a plus ainsi qu'une seule équation à une inconnue.

2° Par *comparaison*. On tire la valeur de la même inconnue dans les deux équations, on a ainsi deux valeurs égales exprimées différemment et formant une équation à une seule inconnue.

3° Par *réduction* ou par voie d'addition ou de soustraction. Cette méthode consiste en ceci : Quand l'inconnue que l'on veut éliminer a le même coefficient dans l'une et l'autre équation, on additionne ces deux équations si l'inconnue n'est point affectée du même signe ; et si le signe est le même, on soustrait une équation de l'autre.

Quand l'inconnue à éliminer n'a pas le même coefficient dans les deux équations, on rend ces coefficients égaux en multipliant tous les termes de chaque équation par le coefficient de l'inconnue dans l'autre.

Pour résoudre plusieurs équations à plusieurs inconnues, on élimine une inconnue entre l'une de ces équations et chacune des deux autres, ce qui réduit le nombre de ces équations à une de moins avec une inconnue de moins. Opérant de la même manière sur ces nouvelles équations, on arrive enfin à n'avoir plus que deux équations à deux inconnues.

3. Les problèmes qui dépendent du premier degré sont ceux dans lesquels tous les termes renfermant une inconnue sont du premier degré. (Voir 49-4.)

4. Pour trouver les équations d'un problème, on choisit d'abord la quantité ou les quantités que l'on prend pour inconnues, et on les représente par des lettres; puis on indique à l'aide de signes algébriques les opérations qu'il faudrait effectuer pour vérifier les valeurs des inconnues si ces valeurs étaient connues.

5. Une équation du second degré à une seule inconnue est une équation qui contient l'inconnue affectée de l'exposant 2, et qui ne la contient pas à un degré plus élevé.

Si l'équation ne renferme pas l'inconnue à la première puissance, elle peut toujours être ramenée à la forme $x^2 = A$, dans laquelle A représente une quantité entière ou fractionnaire ; extrayant la racine carrée des deux membres, il vient $x = \pm\sqrt{A}$, ce qui donne deux racines de l'équation ou deux valeurs de x.

Si l'équation renferme trois sortes de termes, les uns contenant le carré x^2 de l'inconnue, les autres l'inconnue x au premier degré, et enfin des termes connus, elle est dite équation complète ou à trois termes. La forme générale d'une telle équation est $ax^2 + bx = c$. Divisant tous les termes par a, coefficient de x, il vient

$$x^2 + \frac{b}{a}x = \frac{c}{a}.$$

Pour plus de simplicité, supposons $\frac{b}{a} = p$, et $\frac{c}{a} = q$, cette équation deviendra

$$x^2 + px = q,$$

que l'on peut mettre aussi sous la forme $x^2 + px - q = 0$. Si le premier membre de l'équation $x^2 + px = q$ était un carré, il ne resterait plus qu'à extraire la racine carrée de chaque membre, et l'on aurait une équation du 1er degré à une seule inconnue; mais le binome $x^2 + px$ ne peut être un carré, car le carré d'un monome est un monome, et le carré d'un binome est un trinome. En se reportant à la formule du carré de $a + b$, on voit que px peut être considéré comme le double produit de x par une quantité y, ou comme le produit du double de y par x; dans cette hypothèse on a $p = 2y$, d'où $y = \frac{p}{2}$

Donc si au binome $x^2 + px$ on ajoute $\left(\frac{p}{2}\right)^2$, le trinome $x^2 + px + \left(\frac{p}{2}\right)^2$ sera le carré du binome $x + \frac{p}{2}$. Mais si l'on ajoute la quantité $\left(\frac{p}{2}\right)^2$ au premier membre de l'équation, il faut aussi l'ajouter a second membre; on a donc l'équation

$$x^2 + px + \left(\frac{p}{2}\right)^2 = \left(\frac{p}{2}\right)^2 + q.$$

Extrayant la racine carrée de chaque membre, il vien

$$x + \frac{p}{2} = \pm \sqrt{\left(\frac{p}{2}\right)^2 + q}.$$

Faisant passer $\frac{p}{2}$ dans le second membre, on a enfin

$$x = -\frac{p}{2} \pm \sqrt{\left(\frac{p}{2}\right)^2 + q}.$$

Cette formule nous montre que, pour toute équation du second degré ramenée à la forme $x^2 + px - q = o$, l'inconnue est égale à la moitié du coefficient de x, pris avec un signe contraire, plus ou moins la racine carrée de la somme que l'on obtient en ajoutant au carré de cette moitié le terme connu, pris aussi avec un signe contraire.

PHYSIQUE.

N° 1.

1. Donner une idée générale des corps matériels. — 2. Faire connaître les divers états qu'ils affectent dans la nature. — 3. Enumérer les propriétés générales qui les caractérisent.

1. Un corps matériel est une portion de matière formant un tout individuel et distinct. On appelle matière tout ce qui tombe sous nos sens.

2. État solide, état liquide, état gazeux. Glace, eau, vapeur.

3. Quatre principales : *étendue*, *impénétrabilité*, *divisibilité*, *mobilité*. On peut y joindre la *porosité*.

L'étendue est la propriété qu'ont les corps d'occuper une partie de l'espace : le *volume* est la quantité plus ou moins grande de l'espace occupé par le corps.

Compressibilité, conséquence de la porosité ; *élasticité*.

Inertie, propriété que les corps ont de persister dans l'état de repos ou de mouvement.

Force, cause quelconque de mouvement.

Mouvement uniforme, le mobile parcourt des espaces égaux dans les temps égaux, ou la vitesse est constante.

Mouvement varié, vitesse non constante.

Mouvement uniformément varié, cas particulier du mouvement varié. La vitesse croît uniformément.

N° 2.

1 Qu'est-ce que la pesanteur ? — 2. Lois de la pesanteur ; comment les a-t-on déterminées ? — 3. Qu'est-ce que la masse, la

densité, le poids d'un corps? — 4. Du centre de gravité. — 5. Du pendule, ses usages.

1. La pesanteur est la force qui fait tomber les corps vers la terre; c'est l'attraction que la terre exerce sur les corps placés à sa surface. Sa direction est le fil à plomb.

2. 1° Les vitesses acquises à la fin de chaque unité de temps sont proportionnelles aux temps. — 2° Les espaces parcourus pendant chaque unité de temps sont entre eux comme la suite des nombres impairs 1, 3, 5, 7, 9, etc. — 3° Les espaces parcourus depuis l'origine de la chute sont entre eux comme les carrés des temps employés à les parcourir.

A Paris l'espace parcouru pendant la première seconde est $4^{m}\,90$; la vitesse acquise à la fin de cette première seconde est le double ou $9^{m}\,80$.

Les lois de la pesanteur ont été déterminées au moyen de la machine d'Athwood ou du plan incliné de Galilée, dont l'effet est de ralentir la vitesse sans altérer les lois de la pesanteur.

3. La *masse* d'un corps est le nombre de molécules ou d'atomes qu'il renferme. La *densité* est le rapport du poids au volume, ou la quantité de matière que contient un corps sous un volume déterminé. Le *poids* est l'effort que le corps exerce contre une surface qui le soutient et l'empêche de tomber: la *pesanteur* est la force qui agit sur le corps.

4. Le centre de gravité est le point unique par lequel passe toujours la verticale; en d'autres termes, c'est le point où s'applique la résultante de toutes les actions de la pesanteur sur les molécules du corps.

5 Le pendule *simple* est une ligne droite, idéale, dont un point extrême est seul pesant et qui se meut autour de son autre extrémité, point de suspension. Le pendule composé est formé d'un corps pesant suspendu à un point fixe au moyen d'un fil inflexible. (Voir les lois du pendule).

Deux principaux usages du pendule : 1° mesure du temps, 2° détermination de l'intensité de la pesanteur sur différents points de la terre.

N° 3.

[illegible] res. — 2. Conditions auxquelles doit satisfaire une bonne balance. — 3. Méthode de la double pesée.

1. La balance consiste en un levier ou fléau formé de deux bras égaux, mobiles autour d'un point de suspension; à l'extrémité de chacun des bras est attaché un plateau ou bassin.

2. Il faut : 1° que dans la position horizontale du fléau, la balance reste en équilibre ; 2° que les deux bras soient d'égale longueur ; 3° que le centre de gravité soit un peu au-dessous de l'axe de suspension, etc.

3. On met dans un bassin, de la grenaille, du sable, etc. ; dans l'autre le corps à peser : l'équilibre établi, on remplace le corps par des poids ordinaires.

N° 4.

1. Condition de l'équilibre des liquides. — 2. Pression sur le fond d'un vase. — 3. Vases communiquants. — 4. Principe d'Archimède.

1. Pour que l'équilibre existe dans une masse liquide ; il faut que les molécules supérieures et libres forment une surface perpendiculaire à la résultante des forces qui les sollicitent. On met encore pour condition qu'il faut qu'une molécule quelconque de la masse éprouve dans tous les sens des pressions égales et contraires. Ces deux conditions supposent le principe de l'égalité de pression, principe qui s'énonce de cette manière : toute pression exercée en un point quelconque d'une masse liquide est transmise sans perte dans tous les points de cette masse.

2. Elle est égale au poids de la colonne de liquide qui a pour base le fond même du vase et pour hauteur l'élévation du niveau.

3. Si le liquide est homogène le niveau est à la même hauteur dans les vases communiquants. Si les liquides sont de densité différente, l'équilibre n'existe qu'à condition que les hauteurs soient en raison inverse des densités.

4. Tout corps plongé dans un liquide y perd une partie de son poids égale au poids du liquide déplacé.

N° 5.

1. Définition des poids spécifiques des corps; procédés employés pour leur détermination. — 2. Aréomètres à volume constant et à poids constant. Leurs usages.

1. Le poids ou pesanteur spécifique d'un corps est ce que pèse ce corps sous un volume déterminé. On prend pour unité le poids de l'eau distillée. La pesanteur spécifique des solides s'obtient en pesant le corps dans l'air, ensuite dans l'eau ; on divise par la différence de ces deux poids, celui du corps dans l'air ; ou bien encore en le pesant dans un flacon plein d'eau, etc.

Pour les liquides, on divise le poids net du liquide contenu dans un flacon par le poids de l'eau contenue dans le même flacon. De même pour les gaz.

2. Les aréomètres sont en général des tubes cylindriques en métal ou en verre, lestés à leur partie inférieure d'un poids qui les maintient dans une position verticale lorsqu'on les plonge dans un liquide. L'aréomètre à volume constant doit toujours plonger dans le liquide jusqu'à la ligne d'affleurement au moyen de poids additionnels ; l'aréomètre à poids constant plonge inégalement dans les liquides; il descend d'autant moins que la densité du liquide est plus grande.

Les aréomètres servent en physique à déterminer les poids spécifiques des solides et des liquides.

N° 6.

1. Quelles sont les expériences propres à déterminer le poids de l'air? — 2. En quoi consiste le baromètre, et comment doit-il être construit? — 3. Baromètre à cuvette de Fortin. — 4. Baromètre à siphon de Gay-Lussac. — 5. Comment mesure-t-on la colonne de mercure qui, dans un baromètre, indique la pression exercée par l'air? — 6. Expliquer l'ascension des aérostats.

1. On pèse un ballon rempli d'air, puis vide, on trouve une différence de poids de 1 gramme 299 si le ballon a la capacité du litre : c'est donc là le poids d'un litre d'air.

2. Le baromètre consiste en un tube de verre fermé par le haut, ne contenant que du mercure et dont l'orifice inférieur plonge dans une cuvette pleine de mercure. Une échelle graduée indique les différentes élévations du mercure dans le tube selon que la pression de l'atmosphère est plus ou moins forte. — Chambre barométrique. — Pression atmosphérique moyenne fait équilibre à une colonne de 76 centimètres de mercure.

3. Le fond de la cuvette est rendu mobile au moyen d'une vis qui le fait monter ou descendre jusqu'à ce que le niveau du mercure touche l'extrémité inférieure d'une pointe d'ivoire.

4. Formé de deux tubes de même diamètre réunis par un troisième tube capillaire ; l'un plus court que l'autre sert de cuvette et est percé d'un petit trou qui donne passage à l'air.

5. Par le nombre de centimètres que mesure cette colonne entre son sommet et le niveau du mercure dans la cuvette. Pour le baromètre à siphon, on ajoute au degré de la colonne celui auquel correspond le niveau dans le petit tube. Deux causes d'erreur, la capillarité et le changement de température, nécessitent deux corrections. Pour le baromètre ordinaire il faut en outre tenir compte de l'élévation ou de l'abaissement du niveau dans la cuvette.

6. Le gaz renfermé dans le ballon est quatorze fois plus léger que l'air, le ballon s'élève donc en vertu du principe d'Archimède.

N° 7.

1. En quoi consiste la loi de Mariotte. — 2. Quelles sont les expériences qui ont été faites pour l'établir? — 3. Construction et usage des machines pneumatique et de compression.

1. Les volumes des gaz sont en raison inverse des pressions qu'ils supportent.

2. On verse du mercure dans un tube à siphon dont la petite branche est fermée et renferme de l'air. Les niveaux étant à égale hauteur dans les deux branches, l'air renfermé supporte la pression de l'atmosphère. On verse encore du mercure dans la grande branche ; le volume de l'air renfermé diminue ; il est moitié moindre si la colonne de mercure s'est élevée de 76 centimètres dans la grande branche.

3. La machine pneumatique a pour objet de raréfier

l'air. Parties principales : corps de pompe aspirante, récipient, éprouvette, robinet pour donner de l'air. Les soupapes s'ouvrent de bas en haut.

La machine de compression est le contraire de la machine pneumatique, et n'en diffère que par le jeu des soupapes qui s'ouvrent de haut en bas.

N° 8.

1. Comment peut-on mesurer la hauteur des montagnes avec le baromètre — 2. Donner une idée de la construction des pompes aspirantes, foulantes, aspirantes et foulantes. — 3. Du Siphon.

1. Au moyen de deux observations barométriques faites l'une au pied, l'autre au sommet de la montagne. Le problème se complique de plusieurs conditions importantes, mais on le résout facilement au moyen de tables très-commodes que l'on trouve dans l'Annuaire du Bureau des longitudes.

2. La pompe aspirante se compose d'un corps de pompe dans lequel se meut un piston et d'un tuyau d'aspiration : les soupapes se lèvent de bas en haut. Le piston en se soulevant fait le vide, et l'eau monte en vertu de la pression atmosphérique.

Dans la pompe foulante le corps de pompe est immergé ; le piston en se soulevant fait le vide et l'eau pénètre dans le corps de pompe ; foulée ensuite par le piston quand il redescend elle s'échappe en soulevant une soupape.

La pompe aspirante et foulante est formée d'une pompe foulante munie d'un tuyau d'aspiration.

3. Le siphon est un tube recourbé à branches ordinairement inégales et qui sert à faire passer un liquide d'un vase dans un autre.

No 9.

1. Qu'est-ce que l'attraction moléculaire? — 2. En quoi consistent les phénomènes capillaires? — 3. De la cristallisation.

1. On nomme attraction moléculaire la force inconnue qui tend à rapprocher les molécules des corps. — Cohésion, affinité.

2. On entend par phénomènes capillaires les phénomènes qui se manifestent surtout lorsqu'on met en contact des liquides avec des solides présentant des cavités d'une très-petite largeur, tels que des tubes de verre d'un très-petit diamètre. — Surface concave et supérieure au niveau extérieur si le liquide mouille le verre; convexe et inférieure s'il ne le mouille pas. — Lames, boules de sureau; sève des arbres, etc.

3. Les atomes des corps peuvent sous l'influence de l'attraction moléculaire prendre des arrangements réguliers représentant des polyèdres et que l'on appelle *cristaux*.

No 10.

1. Qu'est-ce que le son? — 2. Des moyens de le produire. — 3. Quelle est la vitesse du son dans l'air? Comment l'a-t-on déterminée?

1. Sensation particulière perçue par l'organe de l'ouïe et résultant des vibrations d'un corps transmises à l'oreille par l'intermédiaire de l'air ou de tout autre fluide élastique. — Intensité, hauteur, timbre du son.

2. Percussion, frottement, introduction de l'air dans certains tuyaux; corde tendue que l'on pince, voix. — Ondes sonores. — Point de son dans le vide.

3. Environ 337 ^{m} par seconde, à une température de

10°; à celle de 0° il ne parcourt que 331 m. — Canon tiré à Montmartre pendant la nuit, observateurs placés à Montlhéri ; intervalle calculé entre la vue de la lumière et le son, etc.

N° 11.

1. Que se passe-t-il dans les corps qui s'échauffent ou se refroidissent? — 2. Quel est l'instrument nommé thermomètre? Quelles sont les substances employées à sa construction. — 3. Description et construction des thermomètres. — 4 Leur graduation. Echelles de Réaumur et centrigrade. Rapport de ces échelles.

1. Le volume et la densité du corps varient. Le corps peut passer par les trois états. Calorique, dilatation, contraction ou condensation.

2. Instrument au moyen duquel on apprécie la température des corps. Mercure, alcool, sulfure de carbone ; gaz, pour les thermomètres à gaz ; pyromètres.

3. Tube capillaire en verre, à l'extrémité inférieure une boule ou un cylindre de verre appelé réservoir. Le tube est fixé sur une tablette portant une échelle graduée qui indique le degré d'élévation du liquide dans le tube.

Introduction du mercure ou de l'alcool coloré. (Voir la manière).

4. On plonge le thermomètre dans la glace fondante, on marque 0 le point où s'arrête la colonne liquide, on l'expose ensuite à la vapeur de l'eau bouillante sous la pression atmosphérique de 0 m 76 ; on marque le point où s'élève la colonne 100 pour le thermomètre centigrade, et 80 pour le thermomètre de Réaumur. Les degrés de Réaumur sont aux degrés centigrades comme 80 est à 100, ou R : C : : 4 : 5, d'où il suit que pour convertir des degrés Réaumur en centigrades, il faut les multiplier par $\frac{5}{4}$, et que pour convertir des degrés centigrades en degrés Réaumur, il faut les multiplier par $\frac{4}{5}$.

No 12.

1. Qu'entend-on par chaleur rayonnante? — 2. Comment s'établi l'équilibre de température entre les corps à distance? — 3. Indiquer les principales expériences qui prouvent que le chaleur traverse certains corps sans les échauffer.

1. C'est le calorique que les corps émettent continuellement et en tous sens. Le calorique rayonne en ligne droite.

2. Par un échange mutuel de calorique : le corps le plus chaud en transmet au moins chaud et en augmente la température ; celui-ci en transmet au premier. Il y a encore échange réciproque de calorique quand les deux corps sont à la même température.

3. On fait couler une nappe d'eau entre un foyer de chaleur et un thermomètre : celui-ci indique une élévation de température ; cependant l'écoulement rapide de la nappe d'eau l'empêche de s'échauffer et à plus forte raison de rayonner ensuite sur le thermomètre ; donc, etc.

La chaleur traverse le verre, les vitres ; avec une lentille on allume de l'amadou, en concentrant les rayons solaires. — Corps *diathermanes* et *athermanes*. Le plus diathermane des solides est le sel gemme ; il laisse passer 0,92 de la chaleur incidente.

No 13.

1. Lorsqu'un corps s'échauffe ou se refroidit, quelles sont les influences qui résultent de sa nature et de la disposition de sa

surface, suivant qu'elle est polie ou hérissée d'aspérités, brillante ou noircie? — 2. Qu'entend-on par pouvoir rayonnant et pouvoir absorbant des corps, et comment les détermine? — 3. Comment prouve-t-on que la chaleur se réfléchit? Quelles sont les lois de sa réflexion?

1. Le corps s'échauffe ou se refroidit moins vite si sa surface est polie ou brillante, que si elle est hérissée d'aspérités ou noircie. L'eau bouillira plus tôt dans une cafetière noircie en dehors que dans une cafetière neuve, mais aussi elle se refroidira plus vite.

2. Le pouvoir rayonnant ou émissif est la faculté qu'a un corps de rayonner, c'est-à-dire d'émettre plus ou moins de sa chaleur propre. Le pouvoir absorbant est la faculté qu'il a d'absorber, c'est-à-dire d'admettre dans son intérieur une quantité plus ou moins grande de chaleur émise par d'autres corps. Ces deux pouvoirs sont égaux. Le pouvoir réfléchissant est le complément du pouvoir absorbant en y comprenant la réflexion diffuse.

On détermine les pouvoirs rayonnant et absorbant au moyen d'un cube creux dont les faces sont de métal différent ou recouvertes d'enduits différents; on remplit ce cube d'eau chaude, et l'on constate l'action de chacune de ces faces sur le thermomètre.

3. Au moyen de deux miroirs sphériques concaves. Un corps chaud est placé au foyer de l'un des miroirs, un thermomètre est à l'autre foyer.

Lois de la réflexion de la chaleur. 1° Le rayon incident, le rayon réfléchi et la normale au point d'incidence sont dans le même plan, et ce plan est perpendiculaire à la surface réfléchissante. 2° L'angle de réflexion est égal à l'angle d'incidence.

N° 14.

1. Qu'entend-on par conductibilité des corps pour la chaleur? — 2. Tous les corps ont-ils la même faculté conductrice? — 3. Prouver que tous les corps se dilatent par la chaleur. — 4. Comment détermine-t-on leur dilatation? Se dilatent-ils uniformément?

1. C'est la propriété que les corps ont de transmettre de proche en proche dans leur intérieur la chaleur qu'ils ont reçue à l'un de leurs points.

2. Non. Les métaux sont les meilleurs conducteurs de chaleur; viennent ensuite les substances pierreuses, les tissus, les soies, etc Les plus mauvais sont les liquides et les gaz. L'or est le meilleur de tous. La transmission se fait dans les solides de molécule à molécule, par le rayonnement; dans les liquides et les gaz, elle a lieu principalement par le mouvement de translation des molécules.

3. Une tige de fer qui passe à frottement dans un trou percé à travers une plaque de métal, ne peut plus y passer après qu'on l'a chauffée. La colonne de mercure ou d'alcool s'élève dans le tube du thermomètre par l'effet de la dilatation; une vessie renfermant une petite quantité d'air se gonfle quand on l'approche du feu.

4. On détermine la dilatation des solides au moyen d'un instrument appelé pyromètre; celle des liquides au moyen d'un tube en U dont les branches sont réunis horizontalement par un tube d'un plus petit diamètre : l'une des branches est placée dans un manchon rempli de glace, l'autre dans un manchon rempli d'eau que l'on chauffe. La dilatation des gaz se détermine au moyen d'un tube ouvert par un bout, terminé à l'autre bout par un réservoir rempli de gaz, qu'emprisonne une goutte de mercure; l'index de mercure est poussé par le gaz à mesure que celui-ci se dilate par l'effet de la chaleur. — Le coefficient de dilatation n'est pas le même pour tous les solides ou tous les liquides. Ainsi le mercure se dilate de $\frac{1}{55}$ de son volume par degré, l'eau de $\frac{1}{23}$, le fer de $\frac{1}{310}$, etc. — La dilatation en surface est le double de la dilatation linéaire, et la dilatation en volume est le triple. Dans la dilatation des vases vides, leur capacité augmente exactement comme si au lieu d'être creux ils étaient pleins.

N 15.

1. Quelle est la loi de la dilatation des gaz? — 2. Qu'est-ce que le pendule compensateur? — 3. Qu'entend-on par maximum de densité de l'eau; et à quelle température apparaît-il?

1. Tous les gaz, quelle que soit la pression qu'ils supportent, se dilatent pour chaque degré centigrade de chaleur de $\frac{1}{273}$ de leur volume primitif à *o*.

2. C'est un pendule d'horloge garni de plusieurs tiges de métaux différents, disposées de manière à détruire l'effet de la dilatation, et à conserver une longueur constante au pendule entre la lentille et le point de suspension.

3. C'est le cas où la densité de l'eau est la plus grande, c'est-à-dire lorsque l'eau a le moindre volume possible. Ce maximum apparaît à la température de quatre degrés au-dessus de *o*.

N° 16.

1. Quels sont les phénomènes que présentent les corps en changeant d'état? — 2. Quels sont les principaux procédés employés pour produire ce changement? — 3. Qu'est-ce que le calorique sensible et le calorique latent? — 4. Qu'entend-on par unité de

chaleur? — 5. Quelle est la quantité de chaleur nécessaire pour faire passer la glace de l'état solide à l'état liquide?

1. La température du corps reste constante pendant tout le temps qu'il passe d'un état à l'autre ; ainsi l'eau qui résulte de la fusion de la glace reste à o° tant qu'il y a de la glace à fondre, parce que tout le calorique nécessaire pour faire passer la glace à l'état liquide est employé à produire cet effet, et par conséquent n'agit pas sur le thermomètre. — Un corps qui passe de l'état solide à l'état liquide ou de ce dernier état à l'état gazeux, enlève du calorique aux corps environnants.

2. On fait passer un corps de l'état solide à l'état liquide par la fusion ; de l'état liquide à l'état gazeux par la vaporisation. Les gaz passent à l'état liquide par la condensation.

3. Le calorique sensible est le calorique rayonnant, c'est-à-dire émis par le corps, et agissant sur le thermomètre. Le calorique latent est le calorique nécessaire à l'état actuel du corps ; il ne se manifeste point à l'extérieur et n'a aucune action sur le thermomètre.

4. C'est la quantité de chaleur nécessaire pour élever d'un degré centigrade la température d'un kilog. d'eau.

5. Autant qu'il en faut pour élever de o à 79°, pareille quantité d'eau; car il faut 79° de chaleur pour fondre un kilog. de glace qui après la fusion sera à la température de o.

N° 17.

1. Quelle est la force élastique des vapeurs que produisent les liquides lors de leur ébullition, sous la pression de l'atmosphère? — 2. Comment pourrait-on trouver la force élastique d'une vapeur à une température inférieure ou supérieure à celle de l'ébullition du liquide qui la produit? — 3. Quelles sont les causes qui influent sur la quantité de vapeur contenue dans

un espace donné, vide ou plein d'air ? Lois des mélanges des gaz et des vapeurs.

1. La force élastique des vapeurs que produisent les liquides lors de l'ébullition, est proportionnelle à la pression atmosphérique. Sous une pression atmosphérique de 760 millimètres l'eau bout à 100° ; elle bout à 85° sous une pression de 435°.

2. On a deux tubes barométriques, l'un ordinaire, l'autre contenant de la vapeur d'eau dans sa chambre barométrique : ils plongent tous deux dans une cuvette de mercure, et sont entourés d'un manchon rempli d'eau à zéro. On observe une différence de niveau de 5 millimètres dans la hauteur des colonnes. Cette différence de niveau augmente à mesure que l'on chauffe l'eau, parce que la force élastique de la vapeur devient plus grande dans le tube qui la contient : à 100 degrés le mercure de ce tube est descendu au niveau de la cuvette. — On détermine la force élastique de la vapeur à une température au-dessous de 0, au moyen d'un tube recourbé dont l'extrémité supérieure, terminée par une boule, plonge dans un mélange réfrigérant. On peut trouver la force élastique de la vapeur à une température au-dessus de 100° au moyen d'un appareil formé principalement d'une chaudière très-épaisse, et pleine d'eau dont la vapeur exerce sa pression sur le mercure d'un manomètre. Dulong et Arago ont observé la tension de la vapeur jusqu'à la température de 224° qui correspond à une pression de 24 atmosphères ; ils ont calculé qu'à 266° la tension de la vapeur est égale à 51 atmosphères.

3. Ces causes sont la température et la masse du liquide soumis à la vaporisation. A une plus haute température, l'espace saturé renferme plus de vapeur ; la vapeur se forme aux dépens du liquide jusqu'à saturation. — 1° Dans les gaz les vapeurs se forment comme dans le vide quoique plus lentement. 2° La quantité absolue de la vapeur est égale à celle qui se formerait dans le vide à la même température. 3° La force élastique de la vapeur est la même que dans le vide, et la force élastique du mélange est égale à la force élastique de la vapeur augmentée de celle du gaz. Telles sont les lois des mélanges des gaz et des vapeurs.

N° 18.

1. Qu'est-ce que la chaleur spécifique d'un corps? — 2. Comment mesure-t-on la chaleur spécifique des solides et des liquides avec le calorimètre de glace ou par la méthode des mélanges? — 3. Comment mesurer le calorique de vaporisation de l'eau, et comment l'emploie-t-on pour le chauffage des bains? — 4. Donner une idée des machines à vapeur.

1. La chaleur spécifique ou capacité calorifique d'un corps est la quantité de calorique nécessaire pour élever d'un degré la température d'une unité de poids de ce corps. Pour élever la température de l'eau de 0 à 100° il faut 33 fois plus de chaleur que pour le mercure : donc la chaleur spécifique du mercure est 33 fois moindre ; elle est $\frac{1}{33}$ ou 0,033 celle de l'eau étant 1.

2. En comparant la quantité de glace fondue par un corps placé dans le calorimètre de glace et qui descend à une température de zéro, avec celle que fond une masse d'eau prise à la même température et ramenée aussi à 0. — Description du calorimètre de glace. — La méthode des mélanges consiste à mélanger deux corps de même poids, par exemple 1 kilog. de mercure à 103° et un kilog. d'eau à 0° ; la température du mélange étant de 3°, les chaleurs spécifiques des corps sont en raison inverse des variations de température qu'ils ont subie : soit 1 la chaleur spécifique de l'eau, et C′ celle du mercure, on a $1 : C' :: 100 : 3$, d'où

$$C = \frac{3}{100} = 0,03.$$

3. Pour mesurer le calorique de vaporisation de l'eau, on se fonde sur cette considération que la vapeur en repassant à l'état liquide abandonne tout le calorique qu'elle a absorbé pour se former. En faisant passer de la vapeur dans un vase contenant un poids connu d'eau à 0°, on trouve que la quantité de chaleur absorbée par la vapeur est suffisante pour porter de 0 à 100° un poids d'eau égal à environ 5 fois et demi le poids de la vapeur. — Pour chauffer les bains on conduit la vapeur dans des masses d'eau froide; le calorique abandonné par la vapeur qui se liquéfie, élève la température de l'eau : en faisant passer à l'état de vapeur un hectolitre d'eau, on peut de cette manière chauffer à 100 degrés 5 hectolitres et demi d'eau à 0°.

4. Toute la théorie de la machine à vapeur est dans la manière dont la vapeur agit pour faire mouvoir le piston. Arrivée au-dessous du piston, elle le soulève, puis elle s'échappe et se rend dans le condensateur; mais au même instant une autre quantité de vapeur arrive au-dessus du piston, et le fait descendre; elle s'échappe à son tour dans le condensateur; ainsi de suite. Cette machine est dite à double effet : dans les machines à simple effet la vapeur ne pousse le piston que dans un sens, soit pour le faire monter, soit pour le faire descendre. — Papin, inventeur vers la fin du dix-septième siècle; Watt a perfectionné les machines.

N° 19.

1. Quelles sont les principales sources de chaleur? — 2. Quels sont les moyens employés pour produire du froid? — 3. Comment conçoit-on le dégagement de la chaleur dans la combustion, le frottement et la compression? — 4. Briquet à air, briquet ordinaire.

1. Sources permanentes : soleil, chaleur terrestre;

Sources accidentelles : compression et percussion, frottement, changement d'état des corps, actions chimiques, qui comprennent la combustion, etc.

2. Ces moyens sont la dilatation des gaz, les mélanges frigorifiques, l'évaporation.— Les gaz en se dilatant enlèvent de la chaleur aux corps environnants, et dès-lors produisent du froid. Deux parties de neige et une de sel marin produisent 20° de froid. Dans l'évaporation le liquide emprunte de la chaleur aux corps environnants.

3. Dans la compression et la percussion on peut attribuer le dégagement de la chaleur au rapprochement des molécules ; ce qui doit avoir pour effet de faire passer une certaine portion de chaleur latente à l'état de chaleur sensible. Mais cette cause n'est pas la seule ; il paraît probable que la percussion donne lieu à un dégagement de chaleur en déterminant un mouvement vibratoire dans les corps solides. C'est par cette hypothèse que l'on peut expliquer la production de chaleur due au frottement. On ne connaît encore aucune explication satisfaisante de la chaleur due à la combustion et aux autres combinaisons chimiques.

4. Le briquet à air est construit d'après ce principe que la compression des gaz donne lieu à un dégagement considérable de chaleur. Dans le briquet ordinaires des parcelles d'acier se détachent ; portées au rouge par la chaleur que dégage le frottement, elles se combinent avec l'oxygène de l'air, etc.

N° 20.

1. Qu'est-ce qu'un hygromètre?—2. Construction de l'hygromètre à cheveu ; déterminer ses limites. — 3. Qu'est-ce que l'état hygrométrique d'un lieu, et comment le détermine-t-on ? — 4. Quelle différence y a-t-il entre la vaporisation et l'évapora-

tion? — 5. Pourquoi l'évaporation est-elle accompagnée d'un abaissement de température? — 6. Comment s'opère la congélation de l'eau dans le vide?

1. C'est un instrument qui sert à constater les différents degrés d'humidité de l'air, ou mieux, à mesurer la force élastique de la vapeur contenue dans l'air.

2. L'hygromètre à cheveu de Saussure, qui est le plus employé, se compose d'un cheveu que l'on a dégraissé en le faisant bouillir dans une eau contenant un centième de sous-carbonate de soude. Ce cheveu fixé à une pince par un bout s'enroule dans la gorge d'une poulie garnie d'une aiguille qui parcourt un arc gradué : il s'allonge par l'humidité et l'aiguille marche sur le cadran dont les limites marquent l'extrême sécheresse et le maximum d'humidité. Pour déterminer ces limites, on place l'instrument sous une cloche contenant de l'air et du chlorure de calcium qui est très-avide d'humidité : on a ainsi le point d'extrême sécheresse ; on le numérote zéro : on met ensuite l'hygromètre sous un récipient dont les parois sont mouillées, et qui contient une capsule pleine d'eau ; on a le point du maximum d'humidité que l'on numérote 100.

3. L'état hygrométrique d'un lieu est le rapport entre la quantité de vapeur d'eau contenue dans l'air, et celle qui s'y trouverait si l'air était saturé. En d'autres termes c'est le rapport de la tension de la vapeur dans l'air avec son maximum de tension à la même température. L'effet hygrométrique augmente non pas précisément avec l'humidité de l'air, mais avec son degré de saturation.

Pour déterminer l'état hygrométrique d'un lieu il ne suffit pas d'observer les degrés marqués par l'hygromètre, attendu que ces degrés ne sont point proportionnels aux différents états hygrométriques ; il faut encore connaître la relation qui existe entre ces degrés et les tensions correspondantes de la vapeur à la même température ; cette relation est donnée par des tables au moyen desquelles, connaissant les degrés marqués par l'hygromètre, on détermine l'état hygrométrique du lieu.

4. La vaporisation proprement dite est la production rapide de la vapeur partant de tous les points d'un liquide en ébullition : l'évaporation est la production lente de la vapeur à la surface d'un liquide et à une température moindre que celle de l'ébullition.

5. Parce qu'un liquide qui passe à l'état de fluide aériforme enlève de la chaleur aux corps environnants.

6. On place sous le récipient de la machine pneumatique un vase peu profond contenant de l'eau et un autre vase plein d'acide sulfurique. On fait le vide : l'ébullition a lieu, la vapeur se forme et l'eau passe bientôt à l'état de glace, parce que la vapeur qui se forme dans le vide d'une manière continue est absorbée de la même manière par l'acide sulfurique ; de sorte que l'évaporation et le refroidissement qui en résulte sont également continus.

N° 21.

1. Comment explique-t-on la formation de la rosée, des brouillards ? — 2. Production de la glace par le rayonnement nocturne.

1. Les corps placés à la surface de la terre rayonnent de la chaleur dans l'espace pendant la nuit, et par conséquent se refroidissent : les couches inférieures de l'atmosphère se refroidissent à leur tour par leur contact avec ces corps, et la vapeur d'eau qu'elles contiennent se condense et se précipite en forme de gouttelettes : c'est la rosée. Les brouillards sont dus au refroidissement de l'air qui condense les vapeurs et détermine ainsi la formation de véritables nuages à la surface même de la terre.

2. Si le rayonnement nocturne fait descendre la température des corps au-dessous de o, il y aura congélation de la rosée ou du brouillard ; ce sera la gelée blanche et le givre. Manière dont on se procure de la glace dans les Indes.

No 22.

1. Quels sont les moyens employés pour développer de l'électricité dans les corps ? — 2. A quels signes reconnaît-on qu'ils sont électrisés ? — 3 Corps conducteurs et isolants. — 4. Faire connaître les faits principaux sur lesquels repose l'hypothèse des deux fluides électriques.

1. Le frottement et la pression, l'influence d'un corps électrisé, la chaleur, le contact ou plutôt les actions chimiques.

2. On reconnaît qu'un corps est électrisé lorsqu'il attire des corps légers, tels que des barbes de plume, la balle de sureau du pendule électrique. Lorqu'une certaine quantité de fluide électrique se trouve accumulée sur la surface d'un corps l'approche du doigt donne lieu à une étincelle accompagnée d'un pétillement plus ou moins fort.

3. Les corps conducteurs sont ceux qui laissent passer facilement le fluide électrique ou le conduisent rapidement d'un point à un autre : tels sont les métaux, le bois. l'eau, l'air humide, les corps animés, etc. Les mauvais conducteurs ou corps isolants sont ceux qui conservent presque entièrement l'électricité aux points où elle a été développée, ou en d'autres termes qui la conduisent difficilement en opposant une résistance à son mouvement : tels sont le verre, les résines, la soie, l'ambre, l'air sec, etc. — Le globe terrestre est un bon conducteur, on l'appelle *réservoir commun.*

4. Les balles de deux pendules électriques se repoussent si elles ont été électrisées toutes deux par le verre ou par la résine ; mais elles s'attirent si l'une a été électrisée par la résine, l'autre par le verre. Si l'on approche de la balle non encore électrisée un tube de verre électrisé, la balle se précipite sur le verre; puis si le fil qui la supporte est un corps isolant, elle est repoussée dès qu'elle se trouve électrisée au contact. Une balle électrisée ainsi par le verre est repoussée par un tube de verre électrisé, et attirée au contraire par un bâton de résine. De là l'hypothèse de deux fluides électriques : le fluide vitré ou positif, et le fluide résineux ou négatif. — Les fluides de même nom se repoussent, ceux de noms contraires s'attirent.

Nº 23.

1. Exposer les attractions et les répulsions électriques. — 2. Indiquer les principaux électromètres et électroscopes. — 3. Quelle est la construction d'une machine électrique? — 4. Peut-on lui faire fournir l'une et l'autre espèce d'électricité?

1. (Voir le précédent numéro, parag. 4). Tous les corps possèdent l'électricité naturelle, ils sont à l'état neutre. Le frottement a la propriété de séparer les deux fluides et de les répartir inégalement sur les corps frottés. Le bâton de verre électrisé présenté à la balle du pendule décompose par influence l'électricité neutre de la balle; il attire à lui le fluide négatif et repousse le fluide positif: si le tube de verre est assez près, la balle se précipite sur lui ; son fluide négatif se combine avec une partie du fluide positif du verre, et il ne lui reste plus que du fluide positif, elle est alors repoussée. Si on la touche avec le doigt elle repasse à l'état neutre.

Les attractions et les répulsions électriques sont en raison inverse du carré des distances : elles sont en outre proportionnelles aux quantités d'électricité.

2. L'électroscope à balle de sureau, l'électroscope à pailles ou à feuilles d'or, l'électromètre à cadran. Ce sont des appareils qui rendent sensibles les plus petites quantités d'électricité et en font connaître la nature.

3. Elle se compose d'un disque ou plateau en verre mû au moyen d'une manivelle et frottant contre quatre coussins en cuir rembourrés de crin ; en second lieu d'un conducteur formé d'un ou de deux cylindres creux en cuivre jaune, montés sur des supports en verre. Ces cylindres terminés par des boules sont munis, à l'extrémité voisine du plateau, de bras recourbés, aussi en cuivre, et embrassant le plateau auquel ils présentent quelques pointes.

4. Oui : pour cela il faut mettre en communication le plateau de verre avec le sol et les coussins avec les cylindres. La machine de Van-Marum est très-propre à ce changement : la machine de Nairne donne en même temps les deux sortes d'électricité.

N° 24.

1. En quoi consiste la bouteille de Leyde ou condensateur électrique? — 2 Comment l'électricité s'y distribue-t-elle? — 3. Comment charge-t-on et décharge-t-on la bouteille de Leyde? 4. De l'Electrophore.

1. La bouteille de Leyde est un flacon de verre recouvert extérieurement d'une feuille d'étain jusqu'à un ou deux centimètres du goulot, c'est ce qu'en appelle l'*armature extérieure*. Elle est remplie de *feuilles* d'or, ou clinquant formant l'*armature intérieure*. Une tige métallique recourbée et terminée extérieurement par un bouton, intérieurement par une pointe, traverse le bouchon.

2. Si l'on tient la bouteille de Leyde par l'armature extérieure et que l'on touche avec le bouton le cylindre d'une machine électrique en action, l'armature intérieure se charge d'électricité positive. Cette électricité décompose par influence, en agissant à travers le verre, l'électricité naturelle de l'armature extérieure : le fluide positif de celle-ci est refoulé dans le sol et le fluide négatif est attiré contre le verre, qu'il ne peut traverser. Ce fluide négatif réagissant sur le fluide positif de l'armature intérieure, le neutralise en partie : l'équilibre électrique est donc détruit entre l'armature intérieure et le cylindre de la machine ; cette armature reçoit donc une nouvelle quantité de fluide positif qui agit sur l'armature extérieure, comme a fait le premier. De sorte qu'au moyen de neutralisations successives on parvient à accumuler ou *condenser* une grande quantité de fluide positif sur l'armature intérieure et de fluide négatif sur l'armature extérieure.

3. On tient la bouteille par l'armature extérieure et l'on fait toucher le bouton au cylindre de la machine électrique : l'armature intérieure se charge alors de fluide positif comme le cylindre de la machine. Si l'on voulait la charger de fluide négatif, il faudrait tenir la bouteille par le bouton et faire toucher l'armature extérieure au cylindre de la machine. — Pour décharger subitement la bouteille de Leyde, on met en communication les deux armatures au moyen d'un excitateur. Pour la décharger lentement, on la place sur un support isolant, on touche du doigt le bouton et l'on tire une petite étincelle, puis on touche l'armature extérieure qui donne aussi une petite étincelle, puis encore le bouton, ainsi de suite.

4. L'électophore se compose d'un gâteau de résine renfermé dans une enveloppe en bois et d'un disque ou plateau en métal muni d'un manche isolant. On frotte le gâteau de résine avec une peau de chat, ce qui l'électrise négativement, et l'on pose dessus le plateau métallique. La résine, à cause de sa non-conductibilité, ne peut transmettre son électricité au plateau; cette électricité négative agit donc par influence et décompose l'électricité naturelle du plateau, attirant à la surface inférieure le fluide positif, et repoussant à la supérieure le fluide négatif. En touchant du doigt le plateau, on soutire ce fluide négatif, et le plateau reste chargé de fluide positif.

No 25.

1. En quoi consiste une batterie électrique? — 2. Quelles sont les actions physiques, chimiques et physiologiques qu'on produit avec cet appareil?

1. Une batterie électrique se compose de plusieurs bouteilles de Leyde placées dans une même boîte, et dont les armatures intérieures communiquent entre elles au moyen de tiges métalliques, et les armatures extérieures au moyen d'une lame d'étain ou de plomb qui recouvre l'intérieur de la boîte. On charge la batterie électrique comme une seule bouteille de Leyde.

2. Du fil de fer ou de tout autre métal soumis à l'action de la batterie électrique est chauffé au rouge, fondu, volatilisé, oxydé. Les mauvais conducteurs sont brisés ou percés. Des batteries de force moyenne peuvent tuer des oiseaux, des lapins. L'or des fils de soie dorés est volatilisé, et la soie reste intacte. Une feuille d'or placée entre deux morceaux de soie bien serrés, se volatilise et laisse une empreinte violette (portrait de

Franklin). L'étincelle est accompagnée d'un dégagement de chaleur capable d'enflammer les corps combustibles ; les mélanges gazeux inflammables détonnent ; telle est l'expérience du pistolet de Volta. Enfin, sous l'influence d'une puissante batterie, l'hydrogène et l'oxygène peuvent se combiner et former de l'eau.

N° 26.

1. Rapport entre les effets de la foudre et de l'électricité. — 2. Comment s'est-on assuré que certains nuages sont électrisés ? — 3. Description et théorie des paratonnerres. — 4. Quelles sont les conditions essentielles pour qu'ils ne puissent jamais être dangereux ? — 5. Choc en retour.

1. La foudre, comme les batteries électriques, mais avec plus d'intensité, fond et volatilise les métaux, enflamme les matières combustibles, brise, perce, déchire les mauvais conducteurs, et tue les animaux. La foudre est due à l'électricité atmosphérique ; l'éclair est l'étincelle, le tonnerre est le bruit qui accompagne cette étincelle. Les nuages orageux sont chargés de fluide électrique à l'état libre.

2. En lançant vers un nuage orageux un cerf-volant armé d'une pointe et tenu par une corde bon conducteur. Franklin fit le premier cette expérience en 1752, près de Philadelphie ; il tira de la corde de vives étincelles. Les expériences de Franklin furent reprises en France, l'année suivante par de Romas. — Ces expériences démontrent que certains nuages sont électrisés, et agissent par influence sur les nuages ou sur les objets terrestres en décomposant leur électricité naturelle : la foudre est la recomposition subite des fluides dans les nuages électrisés.

3. Le paratonnerre est une tige en fer d'environ 9 mètres de haut et formée de trois pièces : une barre de fer de 8 m 60, une baguette de laiton de 0 m 60, et enfin une pointe de platine de 0 m 05. Un conducteur en fer fait communiquer la tige avec le sol. — Lorsqu'un nuage chargé d'électricité passe près d'un paratonnerre, il décompose par influence l'électricité naturelle de la tige et du conducteur : le fluide de même nom est repoussé dans le sol, le fluide de nom contraire est attiré, s'écoule dans l'air par la pointe, d'une manière continue, et va neutraliser en partie le fluide du nuage.

4. Il faut : 1° que la pointe de la tige soit bien aiguë ; 2° que le conducteur communique parfaitement avec le sol ; 3° qu'il n'y ait aucune solution de continuité depuis la pointe jusqu'à l'extrémité inférieure du conducteur ; 4° que toutes les parties de l'appareil aient des dimensions convenables. — Un paratonnerre bien construit protége tout ce qui, autour de lui, se trouve renfermé dans un cercle de 20 mètres de rayon ; ce qui est à peu près le double de sa hauteur.

5. Des corps très-éloignés l'un de l'autre peuvent être soumis à l'influence du même nuage orageux. Si l'explosion a lieu sur l'un d'eux, le nuage se trouve subitement déchargé dans toute son étendue ; son influence cesse, et la recomposition des fluides se fait aussi subitement dans les autres corps qui subissaient cette influence. Les effets de cette recomposition sont analogues à ceux de la foudre sans être accompagnés d'étincelle ni de bruit ; un homme placé à l'un des points influencés éprouve une forte commotion et peut être tué comme par la foudre ; il est frappé par le *choc en retour*.

N° 27.

1. Quels sont les faits observés par Galvani qui ont conduit Volta à reconnaître que les métaux en contact deviennent électriques? — 2. En quoi consiste la pile de Volta?

1. Galvani, professeur d'anatomie à Bologne, remarqua en 1789 que des grenouilles récemment écorchées et suspendues à la rampe en fer de son balcon au moyen de crochets en cuivre, éprouvaient de fortes convulsions toutes les fois que leurs membres touchaient au fer du balcon. A la suite de quelques expériences sur ce phénomène, il admit l'existence d'un nouveau fluide auquel il donna le nom de d'*électricité animale*, *fluide galvanique*. Mais peu de temps après, Volta, professeur de physique à Pavie, prouva que les phénomènes observés par Galvani étaient dus à l'électricité et que cette électricité se développe au contact de deux métaux différents. Il appela la cause de ce développement d'électricité *force électromotrice*, et les métaux sur lesquels elle agit *électromoteurs;* la réunion de deux plaques de métaux forme un *couple électromoteur*, chaque plaque est un *élément*.

2. La pile de Volta se compose de couples électromoteurs cuivre et zinc, séparés par des rondelles de drap imbibées d'eau acidulée. Les extrémités de la pile se nomment pôles: l'extrémité formée par une plaque de zinc est le pôle positif, celle qui est formée par une plaque de cuivre est le pôle négatif. Si la pile est en communication avec le sol par le pôle cuivre, tout le fluide négatif s'écoule dans le sol, et les plaques de zinc sont électrisées positivement : la tension étant 1 dans la plaque zinc inférieure, elle sera 2 dans la seconde, 3 dans la troisième.... 100 dans la centième formant le pôle positif. Lorsque la pile est isolée, sa moitié supérieure est électrisée positivement et sa moitié inférieure négativement. La tension aux pôles est alors la moitié de ce qu'elle serait si la pile n'était pas isolée. — Le sens du courant électrique s'indique par celui du courant positif. — Pile à auges, pile de Wollaston.

N° 28.

1. Des effets physiologiques, physiques et chimiques produits par la pile voltaïque. — 2. A quel signe reconnaît-on que l'électricité est transmise dans un fil conducteur? — 3. Expérience d'OErsted.

1. Lorsqu'on touche avec les deux mains mouillées les pôles d'une pile isolée, on ressent une commotion forte et continue. En faisant passer un courant voltaïque sur les organes d'un corps récemment privé de la vie, on excite des mouvements extraordinaires, comme si le cadavre cherchait à se ranimer : on a pu par ce moyen rappeler à la vie des lapins asphyxiés depuis une demi-heure. — Les effets physiques de la pile sur les fils métalliques et les feuilles d'or sont les mêmes que ceux de la batterie électrique (n° 25). L'action de la pile décompose l'eau, et tous les oxydes, les acides et les sels : l'oxygène se porte au pôle positif et le radical au pôle négatif.

2. Si l'on rapproche les deux fils attachés aux pôles, on voit jaillir une étincelle, puis une seconde, ainsi de suite. Mais si on les met en contact immédiat de manière à ne former qu'un seul fil qui s'appelle alors *rhéophore*, il ne se manifeste plus aucune tension électrique appréciable à l'électromètre même le plus sensible. Cependant le courant voltaïque existe, car si la communication entre les fils est établie au moyen d'un fil de fer, ce fil s'échauffe, passe au rouge, entre en fusion, brûle avec éclat; si la communication est établie au moyen de sels, d'oxydes ou d'acides, il y a décomposition de ces corps. L'existence du courant est surtout manifestée par l'expérience d'OErstedt.

3. OErstedt, professeur à Copenhague, découvrit en 1819 l'action des courants sur une aiguille aimantée. L'expérience d'OErstedt consiste en ceci : si l'on approche un courant voltaïque d'une aiguille aimantée placée horizontalement sur un pivot, on la voit éprouver un grand nombre d'oscillations et se placer en croix avec le courant dirigé dans le sens du méridien magnétique ; le pôle *austral* de l'aiguille, ou pôle qui se dirige vers le nord, se porte à la gauche d'un observateur placé, suivant l'hypothèse ingénieuse d'Ampère, sur le courant qui lui entrerait par les pieds, et ayant la face tournée vers l'aiguille.

No 29.

1. Des rhéomètres ou galvanomètres. Leur construction, leurs usages. — 2. Des fils traversés par un courant électrique ; agissent-ils les uns sur les autres? — 3. Sont-ils influencés par le globe terrestre?

1. Les rhéomètres ou galvanomètres sont des instruments propres à mesurer l'intensité d'un courant voltaïque : une aiguille aimantée est un rhéomètre, d'après ce qui a été vu ci-dessus. Le rhéomètre multiplicateur de M. Schweiger consiste en un cadre en bois autour duquel s'enroule un fil métallique revêtu d'un fil de soie ; le courant électrique arrive par une extrémité de ce fil, et sort par l'autre : dans l'intérieur du cadre est une aiguille aimantée suspendue horizontalement à un fil de cocon.

Pour augmenter la sensibilité de l'instrument, on ajoute quelquefois une seconde aiguille placée en dehors du cadre et dans un sens inverse. — On se sert des rhéomètres pour démontrer l'existence d'un faible courant, pour mesurer le rapport des intensités de plusieurs courants, etc.

2. Deux courants parallèles s'attirent s'ils vont dans le même sens; ils se repoussent s'ils vont en sens contraire. Deux courants obliques s'attirent s'ils sont convergents, c'est-à-dire s'ils s'approchent en même temps ou s'éloignent du sommet de l'angle; ils se repoussent si l'un d'eux s'en approche et que l'autre s'en éloigne.

3. Le globe terrestre peut diriger les courants mobiles et même leur imprimer un mouvement continu de rotation : la terre agit alors comme un aimant; un conducteur rectangulaire suspendu de manière à pouvoir facilement tourner, se place, par l'action de la terre sur le courant qui le traverse dans un plan perpendiculaire au méridien magnétique, de manière que la branche dans laquelle le courant est descendant est tournée vers l'est, et la branche ascendante vers l'ouest.

Nº 30.

1. Qu'est-ce qu'un aimant naturel? — 2. Qu'entend-on par les pôles d'un aimant, et comment les détermine-t-on? — 3. Action exercée sur un aimant par la terre ou un autre aimant. — 4. Direction, déclinaison, inclinaison de l'aiguille aimantée. — 5. Action des aimants sur les courants. — 6. Théorie du magnétisme.

1. On donne le nom d'*aimants naturels* à certains minerais qui ont la propriété d'attirer le fer; en général ce sont des oxydes de fer.

2. Ce sont deux points opposés où la vertu magnétique agit le plus fortement. Pour les déterminer, il suffit de plonger l'aimant dans de la limaille de fer; cette limaille s'attache à lui en filets divergents dont la longueur et le nombre vont en augmentant à partir du milieu jusqu'à deux points placés vers les extrémités et qui sont les deux pôles. Il y a des aimants qui ont plus de deux pôles; les pôles intermédiaires sont appelés *points conséquents*.

3. La terre agit sur un aimant librement suspendu dans un plan horizontal; le pôle austral de cet aimant se dirige du côté du pôle nord de la terre en déviant un peu vers l'ouest. Le pôle boréal d'un aimant attire le pôle austral d'un autre aimant et repousse son pôle boréal : ainsi les pôles de noms contraires s'attirent et les pôles de même nom se repoussent.

4. L'aiguille aimantée se dirige dans le plan du méridien magnétique, son pôle austral vers le nord. — La *déclinaison* de l'aiguille est l'angle qu'elle fait avec la méridienne du lieu d'observation : cet angle est aujourd'hui d'environ 22°; la déclinaison est occidentale, elle a été pour Paris orientale vers la fin du seizième siècle, et nulle pendant l'année 1663. — L'*inclinaison* est l'angle que fait avec l'horizon une aiguille qui se meut librement autour de son centre de gravité dans le plan vertical du méridien magnétique. L'inclinaison est à Paris d'environ 70 degrés.

5. Les aimants agissent sur les courants comme les courants sur les aimants, car la réaction est toujours égale à l'action. La terre, qui est un aimant, agit sur un courant mobile (numéro précédent); un barreau aimanté agit de la même manière que la terre. On démontre aussi l'action d'un aimant sur un courant au moyen de *courants flotteurs* imaginés par M. de La Rive. Le courant flotteur en hélice est un *solénoïde :* il est démontré qu'un courant solénoïde agit comme si le courant se composait d'autant de courants circulaires qu'il y a de contours ou spires dans l'hélice. Un courant solénoïde sous l'action d'un courant rectiligne se place de manière que les courants circulaires des spires sont parallèles au courant rectiligne, de sorte que l'axe du solénoïde est en croix avec le courant rectiligne. Un solénoïde agit donc comme une aiguille aimantée. — Hypothèse d'Ampère, courants terrestres de l'est à l'ouest parallèlement à l'équateur.

6. On a expliqué d'abord les phénomènes magnétiques par l'hypothèse de deux fluides magnétiques, l'un austral, l'autre boréal, qui s'attirent réciproquement, tandis que les fluides de même nom se repoussent. Ces fluides n'abandonnent jamais les corps pour passer sur d'autres corps comme le fait l'électricité; en outre, ils ne se distribuent point sur l'aimant en se portant en totalité l'un à droite de la ligne neutre, l'autre à gauche. Cette décomposition ou séparation aurait lieu séparément sur chaque molécule du corps. Au lieu de supposer que le magnétisme est dû à la séparation de deux fluides, Ampère l'attribue à des courants électriques qui se meuvent autour des particules des corps. Dans un corps à l'état naturel les courants auraient lieu dans toutes les directions autour d'une même particule. L'effet de l'aimentation serait de donner à tous ces courants des directions tendant au parallélisme ; ce qui assimilerait un aimant à un solénoïde.

N° 31.

1. Quelle différence y a-t-il entre le fer doux et l'acier trempé relativement au magnétisme? — 2. Comment peut-on aimanter les substances magnétiques? — 3. Aimantation par des aimants, par la terre et des courants électriques.

1. Le fer doux présenté à l'un des pôles d'un aimant acquiert à l'instant même les propriétés magnétiques d'un aimant; mais il les perd aussitôt que cesse l'influence à laquelle on l'a soumis. L'acier trempé n'acquiert que peu à peu et lentement les propriétés magnétiques, mais il les conserve en vertu d'une *force coercitive* qui empêche les fluides de se combiner de nouveau. On peut donner cette propriété au fer doux en le battant, en le tordant, etc.

2. Par l'action des aimants, par l'action de la terre, par les courants électriques. On entend par substances magnétiques les substances qui possèdent ou qui peuvent acquérir la propriété magnétique ; tels sont le fer, l'acier, le nickel, le manganèse à une température de 20° au-dessous de zéro.

3. Il y a deux procédés d'aimantation par les aimants : 1° la méthode de la simple touche ou de Duhamel ; on place les extrémités de l'aiguille à aimanter sur deux barreaux dont les pôles contraires sont en regard : on applique ensuite sur le milieu de l'aiguille deux autres barreaux par leurs pôles contraires en leur donnant une inclinaison de 25 à 30°, et dans cet état on les fait glisser vers les extrémités de l'aiguille, l'un à droite, l'autre à gauche ; on les soulève et on les reporte au milieu, et ainsi de suite.

2° La méthode de la double touche ou d'Æpinus. On dispose les barreaux et l'aiguille comme précédemment, seulement les barreaux mobiles n'ont qu'une inclinaison de 15 à 20°. On les fait glisser *ensemble* du milieu vers une des extrémités, puis de cette extrémité vers l'autre ; après plusieurs mouvements de va-et-vient, on s'arrête au milieu en revenant de l'extrémité opposée à celle par laquelle on a commencé.

On aimante par l'action de la terre une barre de fer de 100 à 120 centimètres, en la tenant dans la direction de l'inclinaison de l'aiguille ; à l'extrémité inférieure est le pôle austral et à l'autre le pôle boréal. L'aimantation de la barre cesse dès qu'elle est soustraite à l'action du globe ; mais si pendant qu'elle y est soumise on frappe fortement une de ses extrémités, la barre deviendra un aimant pour un temps limité,

Pour aimanter par le courant de la pile de Volta, on enroule un fil de cuivre en hélice sur un large tube de verre dans lequel est placée l'aiguille à aimanter. On fait passer un courant le long du fil métallique et l'aiguille est aimantée instantanément. Si l'hélice est dextrorsum, le pôle boréal de l'aiguille est à l'extrémité par laquelle entre le courant, c'est le contraire si l'hélice est sinistrorsum.

N° 32.

1. En quoi consiste l'expérience de la chambre noire? Exposer les effets qu'on y observe. — 2. Quelle est la loi de la réflexion de la lumière? — 3. En quoi un miroir de métal diffère-t-il d'un miroir de glace? — 4. Comment voit-on les objets dans un miroir plan, dans un miroir convexe? — 5. Qu'entend-on par foyer?

1. L'expérience de la chambre noire consiste à produire sur un écran l'image réduite d'un paysage ou d'un objet quelconque. Dans sa construction la plus simple, la chambre noire se compose d'une lentille convergente placée à l'ouverture du volet d'une chambre complétement fermée : si l'on place au foyer de la lentille un écran, on y voit l'image renversée mais très-nette des objets extérieurs. On peut recevoir les rayons sur un miroir plan incliné de 45°, ces rayons réfléchis par le miroir vont peindre l'image au plafond. Le miroir incliné se place aussi en dehors, cette disposition a lieu dans la chambre noire portative qui sert pour le dessin des paysages.

2. Le rayon direct et le rayon réfléchi sont dans le même plan normal à la surface, et ils font avec la normale un angle de réflexion égal à l'angle d'incidence.

3. Un miroir de métal ne donne qu'une image de l'objet, tandis qu'un miroir de glace en donne deux très-distinctes et même davantage.

4. Dans un miroir plan, on voit les objets derrière le miroir, à une distance égale et d'égale grandeur; de plus les images sont droites et symétriques des objets par rapport au plan du miroir. Dans un miroir convexe on voit l'objet derrière le miroir; l'image est toujours droite comme dans les miroirs plans, mais elle est plus petite que l'objet.

5. On appelle foyer le point de l'axe d'un miroir sphérique concave, où vont se couper les rayons réfléchis. Le *foyer principal* est le foyer des rayons qui arrivent au miroir parallèlement à l'axe; il est sensiblement au milieu de la ligne qui joint le centre de courbure au centre de figure. Un point lumineux placé sur l'axe au delà du centre de courbure envoie des rayons qui après leur réflexion viennent se couper en un point de l'axe situé entre le foyer principal et le centre de courbure; ce foyer secondaire et le lieu du point lumineux sont dits *foyers conjugués*. Si le point lumineux est placé entre le foyer principal et le miroir, les rayons qu'il envoie divergent après leur réflexion; leurs prolongements se coupent derrière le miroir à un point de l'axe que l'on appelle *foyer virtuel*. Les miroirs convexes n'ont que des foyers virtuels, car les rayons qu'ils réfléchissent sont toujours divergents.

Il suit de ce qui a été dit sur les foyers du miroir concave, que dans un tel *miroir* l'image d'un objet placé en avant du centre de courbure est vue en avant du miroir, et que cette image est plus petite que l'objet, et renversée. Si l'objet est placé entre le foyer principal et le miroir, l'image est vue derrière, elle est droite et plus grande que l'objet.

N° 33.

1. Qu'est-ce que la réfraction de la lumière? — 2. Phénomènes principaux de la réfraction. — 3. Quelle est son influence sur le moment de l'apparition et de la disparition des astres? — 4. Du mirage.

1. La réfraction est la déviation qu'éprouvent les rayons lumineux quand ils passent d'un milieu dans un autre, comme de l'air dans l'eau et réciproquement.

2. Un bâton plongé dans l'eau paraît brisé au point où il est immergé; un objet tel qu'une pièce de monnaie placé au fond d'un vase et qui n'est point visible, le devient si l'on remplit le vase d'eau. Ces phénomènes sont dus à la réfraction de la lumière. Les lois de la réfraction sont celles-ci : 1° le rayon réfracté et le rayon incident sont dans le même plan perpendiculaire à la surface d'incidence. 2° Quand la lumière passe d'un milieu plus dense dans un milieu moins dense, le rayon réfracté s'éloigne de la normale au point de séparation ; il s'en rapproche au contraire quand la lumière passe du moins dense dans le plus dense. 3° Le sinus de l'angle d'incidence et de l'angle de réfraction sont dans un rapport constant.—Il y a un angle *limite* de réfraction. Tout rayon émergent en dehors de cet angle ne peut passer d'un milieu dans un autre, il est réfléchi en totalité par la surface de séparation.

3. Par l'effet de la réfraction nous voyons les astres à leur lever avant qu'ils aient atteint réellement l'horizon ; et nous les voyons encore à leur coucher, après qu'ils ont passé au-dessous de ce cercle à un éloignement de 33′.

4. Il arrive quelquefois que des objets éloignés, outre leur image directe, donnent une seconde image, renversée, supérieure, inférieure ou latérale : c'est le mirage. Par leur contact avec le sol, surtout dans les plaines sablonneuses des pays chauds, les couches inférieures de l'atmosphère s'échauffent vers le milieu du jour, et acquièrent chacune une densité moindre que la couche immédiatement supérieure, jusqu'à une certaine hauteur où la densité est constante. Un rayon lumineux partant d'un objet placé dans cette couche est réfracté par chacune des couches inférieures; il s'éloigne de plus en plus de la normale au point d'incidence, son angle de réfraction devient plus grand que l'angle limite, alors il éprouve la réflexion totale et remonte suivant une direction contraire en subissant de nouvelles réfractions. L'œil qui reçoit ce rayon voit le point lumineux dans le prolongement du rayon, et par suite il aperçoit l'image renversée de l'objet comme s'il était réfléchi par une nappe d'eau.

N° 34.

1. Quels sont les phénomènes qui résultent de la transmission d'un rayon de lumière à travers un prisme. — 2. Du spectre solaire. Quelles sont les couleurs du spectre, et dans quel ordre se présentent-elles? — 3. Comment pourrait-on recomposer la lumière blanche?

1. Lorsqu'un rayon de lumière traverse un prisme triangulaire, il éprouve une première réfraction à son entrée dans le prisme, et une seconde à sa sortie; en outre la lumière se trouve décomposée.

2. Le spectre solaire est l'image allongée formée sur un écran par un faisceau de lumière solaire qui traverse un prisme. Cette image est partagée dans sa largeur en bandes colorées : on y distingue sept couleurs primitives rangées dans l'ordre suivant, à partir du bas: violet, indigo, bleu, vert, jaune, orangé, rouge. Il résulte de cette décomposition que les rayons de couleur différente sont inégalement réfrangibles : le violet est le plus réfrangible, le rouge l'est le moins.

3. On peut recomposer la lumière blanche avec les sept couleurs du spectre, soit en ramenant les divers rayons dans des directions parallèles, soit en les faisant concourir au même point. On les ramène dans des directions parallèles au moyen d'un second prisme en tout semblable au premier, mais tourné en sens inverse. On les fait concourir au même point au moyen d'un miroir concave ou d'une lentille convergente

---

N° 35.

1. Comment se fait-il qu'un verre lenticulaire donne en arrière de lui l'image des objets placés en avant? Quelle est la position et la grandeur des images? — 2. Et pourquoi les verres de divergence ou concaves ne produisent-ils pas le même effet?

1. Un verre lenticulaire ou convexe donne en arrière de lui l'image des objets placés en avant parce que les rayons émanés d'un point lumineux se réfractent en passant à travers la lentille comme à travers un prisme, et vont se réunir en un point situé derrière la lentille et que l'on appelle foyer. Or tous les points lumineux de l'objet ont un foyer différent, il doit donc se former derrière la lentille une image de l'objet placé en avant.

La position de cette image est renversée : sa grandeur dépend de la distance de l'objet à la lentille. Soit f la distance focale, c'est-à-dire la distance du foyer principal à la lentille, et p la distance du point lumineux ; si l'on a $p > 2\,f$, l'image sera plus petite ; $p = 2\,f$, l'image et l'objet seront d'égale grandeur ; enfin $p < 2\,f$ l'image sera plus grande.

Le foyer principal est formé sur l'axe principal par des rayons parallèles. Un point lumineux plus éloigné de la lentille que le foyer principal forme un foyer aussi plus éloigné de la lentille et derrière; ce foyer et le lieu du point lumineux sont dits foyers conjugués. Un point lumineux placé entre le foyer principal et la lentille n'a qu'un foyer virtuel parce que les rayons divergent à leur sortie de la lentille; le foyer virtuel est du même côté que l'objet; il n'y a point d'image au foyer virtuel et on ne pourrait la recevoir sur un écran, cependant l'œil peut en avoir la perception comme cela a lieu lorsqu'on regarde avec une loupe.

2. Les verres concaves ne produisent pas le même effet que les verres convexes, et donnent au contraire une image en avant parce qu'ils font toujours diverger les rayons qui les traversent et n'ont par conséquent que des foyers virtuels. L'image est du même côté que l'objet, plus près de la lentille, droite et plus petite. C'est pourquoi les verres convexes rapprochent et rapetissent les objets.

N° 36.

1. De quelle manière s'opère la vision? — 2. En quoi consistent les vues myopes et presbytes, et comment peut-on remédier à ces défauts avec des verres concaves et convexes. — 3. Durée de la sensation produite par un point lumineux.

1. Les rayons lumineux après avoir traversé la partie antérieure de l'œil qui est formée de la cornée transparente et de l'humeur aqueuse, pénètrent dans l'intérieur par la pupille ou prunelle, passent à travers le cristallin, sorte de lentille gélatineuse convexe, et vont peindre au fond du globe sur la rétine l'image renversée des objets d'où ils émanent. La rétine est un épanouissement du nerf optique. (Voir la description de l'œil et la marche des rayons qui sont réfractés par la cornée transparente, l'humeur aqueuse et le cristallin.)

2. Les vues myopes ou courtes vues ne distinguent parfaitement que les objets placés à une petite distance; les vues presbytes au contraire ne voient bien que de loin. Chez les myopes l'image de l'objet placé à la distance moyenne de la vision ne se fait pas sur la rétine, mais en deçà, parce que le cristallin ou cornée transparente étant trop convexe, imprime une trop grande convergence aux rayons lumineux et les réunit par conséquent au-devant de la rétine. On remédie à ce défaut au moyen de verres concaves, qui font diverger les rayons. Dans les vues presbytes au contraire l'image se fait au delà de la rétine parce que les rayons ne convergent pas assez par suite de l'aplatissement soit du cristallin soit de la cornée. On corrige ce défaut au moyen de verres convexes qui augmentent la convergence des rayons.

3 La sensation produite sur la rétine par un point lumineux persiste pendant un certain temps après que la cause a cessé d'agir, et la durée de cette sensation est appréciable. Ce fait est confirmé par plusieurs expériences telles que le ruban de feu que figure un charbon ardent tourné avec rapidité, la pierre d'une fronde qui est vue à la fois sur chaque point de la circonférence, etc.

CHIMIE.

N° 37.

1. Qu'est-ce qu'un corps simple? — 2. Qu'est-ce qu'un corps composé? — 3. Enumérer et classer les corps simples. — 4. Exposer les principes sur lesquels repose la nomenclature chimique.

1. Un corps est simple quand on ne peut en extraire d'autres corps par quelque procédé que ce soit, et en outre quand on ne peut le former par la combinaison d'autres corps.

2. Un corps est composé quand on peut en extraire d'autres corps, ou bien quand on peut le former au moyen d'autres corps qui se combinent.

3. Cinquante-six corps simples : quinze métalloïdes et quarante-un métaux. *Métalloïdes :* hydrogène, oxygène, soufre, selenium, tellure, chlore, fluor, brôme, iode, azote, arsénic, phosphore, carbone, bore et silicium. *Métaux principaux :* potassium, sodium, calcium, magnesium, aluminium, manganèse, fer, cobalt, nickel, zinc étain, chrôme, cuivre, plomb, mercure, argent, or, platine, bismuth, antimoine, etc.

4. Les corps simples se combinent deux à deux, trois à trois, quatre à quatre. Les combinaisons binaires forment trois classes : les *oxydes* ou *bases*, les *acides* et les *corps neutres*.

I. *Composés binaires.*

1°. Oxydes. Quand l'oxygène compose une base ou un corps neutre par sa combinaison avec un corps simple, il forme un *oxyde*. Exemples : oxyde de fer, oxyde de carbone. On dit *eau* au lieu d'oxyde d'hydrogène, *chaux* au lieu d'oxyde de calcium.

6.

Oxygène se combinant en proportions différentes : on fait précéder le nom de l'oxyde des mots *proto, deuto, trito, per*. Exemples : *protoxyde de magnanèse, deutoxyde de manganèse.*

Oxygène se combinant dans les rapports ½, 2, 3, avec le même poids d'un corps : on dit *sesqui, bi, tri.*

2° ACIDES. Si l'oxygène s'unit à un corps simple pour former un seul *acide*, on termine le nom de ce corps en *ique;* exemple : *acide silicique.* Mais si l'oxygène forme avec ce corps plusieurs acides, on dit suivant le degré d'acidité, *acide hypophosphoreux, acide phosphoreux, acide hypophosphorique* et *acide phosphorique.* L'initiatif *hyper* est employé pour l'acide le plus oxygéné, lorsqu'il y en a cinq. Le nom d'un acide formé par l'hydrogène se termine en *hydrique.* Exemple : *acide chlorhydrique.*

3° CORPS NEUTRES. Leurs noms se composent des noms des deux corps, le premier ayant la terminaison *ure ;* exemple : *carbure d'hydrogène.* Il y a des *protocarbures* et des *bicarbures*, comme des *protoxydes* et des *bioxydes.*

II. *Composés ternaires* ou *sels :* formés en général d'un acide et d'une base qui contiennent l'un et l'autre de l'oxygène. Ils sont d'ailleurs *neutres, acides* ou *basiques.*

Sel *neutre :* on change la terminaison *ique* de l'acide en *ate*, et la terminaison *eux* en *ite.*

Sel *acide* ou *basique* : on ajoute l'un de ces deux mots ; par exemple : *silicate basique de potasse.*

III. *Composés quaternaires.* Ceux qui sont utiles à considérer sont les *sels doubles.*

Remarque. Combinaison de deux métaux, *alliage* ; *amalgame* si l'un des métaux est le mercure.

N° 38.

1. Qu'est-ce que l'affinité chimique? En quoi diffère-t-elle de la cohésion? — 2. Définir l'analyse et la synthèse. — 3. Qu'entend-on par équivalents chimiques?

1. *L'affinité* est cette force dont on conçoit l'existence pour expliquer l'union des molécules de nature différente. La *cohésion* est la force qui constitue les corps solides et liquides par l'attraction des molécules de même nature. Exemple : composition de l'eau par l'affinité de l'oxygène et de l'hydrogène; congélation de l'eau par la force de cohésion.

2. *Analyse*. Décomposition d'un corps pour en connaître les éléments et leur mode d'union. *Synthèse*. Recomposition d'un corps au moyen des éléments fournis par l'analyse. Exemple : l'eau.

3. *Équivalents chimiques* : poids des corps qui peuvent s'unir à 100 parties d'oxygène pour former le protoxyde, et, par analogie, poids des corps qui, s'unissant entre eux sans qu'il y ait d'oxygène dans leur composition, saturent des équivalents de ces corps. Exemple : avec 100 d'oxygène se combinent 201,16 de soufre, ou 177,03 d'azote : l'équivalent du soufre est 201,16, et celui de l'azote est 177,03.

L'équivalent d'un corps composé est égal à la somme des équivalents des corps simples qui le composent.

N° 39.

Faire connaître les principes de l'air atmosphérique et le rôle que ce fluide joue dans les phénomènes de la combustion et de la respiration.

L'air atmosphérique est formé de 21 parties d'oxygène sur 100 et de 79 parties d'azote. Il existe aussi dans l'air atmosphérique, une petite quantité d'acide carbonique, de vapeur d'eau et des traces de matières organisées.

Densité de l'oxygène 1,106. On obtient de l'oxygène en décomposant par la chaleur le peroxyde de manganèse, ou mieux le chlorate de potasse.

L'air est *essentiel* aux phénomènes de la combustion et de la respiration. La combustion est la combinaison de l'oxygène de l'air avec les principes combustibles de la matière qui brûle. L'azote agit pour ainsi dire comme modérateur de la combustion.

Dans la respiration l'air est aspiré et expiré par les poumons. L'air expiré a perdu une partie de son oxygène et contient une certaine quantité d'acide carbonique.

N° 40.

1. Quelle différence y a-t-il entre les métalloïdes et les métaux? — 2. Exposer les propriétés qui distinguent l'hydrogène, le carbone, le phosphore, le soufre, le chlore, l'iode.

1. Les métaux sont les corps simples qui sont doués d'un éclat particulier; ils sont opaques quand ils ont une épaisseur appréciable, et ils sont bons conducteurs de la chaleur et de l'électricité.

Les métalloïdes sont les corps simples qui jouissent de propriétés contraires à celles des métaux.

On range les métaux en six classes. Cette classification est fondée sur leur affinité pour l'oxygène, et pour cela on voit quelle est leur action sur l'eau, composée comme on sait, d'oxygène et d'hydrogène.

2. *Hydrogène.* Gaz incolore, inodore, insapide. Densité 0,0691. Le plus léger des gaz employé pour les ballons. Brûle avec flamme bleue et éteint les corps en combustion. S'obtient en décomposant de l'eau à une température ordinaire par le zinc ou le fer sous l'influence d'un acide.

Carbone. Solide sous deux états généraux, savoir : charbon et diamant. N'a pu être liquéfié. Densité à l'état de diamant 3,53. — Gaz hydrogène carboné, sert à l'éclairage.

Phosphore. Solide, à peu près transparent, blanc jaunâtre, odorant, ductile. Fond à 40 °, devient bouillant à 288 °. Densité 1,77, lumineux dans l'obscurité. On le prépare en décomposant du phosphate acide de chaux, par le charbon et par la chaleur. Le phosphate de chaux forme la plus grande partie des os des animaux.

Soufre. Solide jusqu'à la température de 108 °, entre en ébullition à 440 °. Jaune à la température ordinaire, brûle avec une flamme bleue. Densité 2,086. Existe à l'état natif.

Chlore. Corps gazeux, jaune verdâtre, odeur et saveur fortes. Détruit un grand nombre de couleurs à cause de son affinité pour l'hydrogène. Densité 2,4216. Soluble dans l'eau. On le prépare en chauffant dans un appareil de Wolf du peroxyde de manganèse et de l'acide chlorhydrique. Composés du chlore très-employés dans les arts ; combiné avec le sodium, le chlore forme le sel de cuisine ou sel marin.

Iode. Solide jusqu'à 107 °, bout à 175 °, en répandant des vapeurs violettes. Densité 4,948. Gris bleuâtre, odeur faible. S'obtient en chauffant un mélange d'iodure de potassium et d'acide sulfurique.

N° 41.

Des caractères qui permettent de reconnaître les métaux les plus utiles.

Métaux les plus utiles : fer cuivre, plomb, étain, zinc, argent, mercure, or et platine.

Fer. Le plus utile et le plus abondant des métaux. Fer doux, fer cassant, fibreux, granulaire. Ses propriétés les plus précieuses sont dues à sa ténacité. Tôle, fer-blanc. Le fer est extrait de minerais qui sont ou du carbonate ou de l'oxyde de fer. On traite ces minerais dans des hauts-fourneaux qui donnent de la fonte, etc.

L'*Acier* est du fer fondu dans des creusets qui contiennent du charbon pulvérisé ; on le coule, on le forge, et enfin on le trempe, pendant qu'il est chaud, dans de l'eau froide.

Cuivre. D'un beau rouge, brillant quand il a été poli, très-ductile et malléable. Les *laitons* (cuivre-jaune) sont des alliages de cuivre et de zinc. Le *bronze* est un composé de cuivre et d'étain.

Plomb. Blanc bleuâtre, brillant, mou, flexible, peu tenace, fusible à 320°. Densité, environ 11. Allié à l'antimoine, sert à faire des caractères d'imprimerie.

Étain. Blanc, brillant, très-mou, malléable, fusible à 228°. Densité 7,29. Sert à étamer les glaces; s'allie au cuivre pour faire le bronze. Fer-blanc, moiré.

Zinc. Employé en physique dans la construction des piles voltaïques ; sert pour préserver le fer de la rouille comme galvanisateur. Étendu en lames, il est employé à couvrir les bâtiments : entre dans la composition du laiton.

Argent. Solide jusqu'à la température de 1000° environ, très-ductile, très-malléable, éclatant, couleur d'un blanc tirant sur le jaune ; n'est point attaqué par l'air, l'eau, les acides faibles. Densité 10,47.

Mercure. Liquide à la température ordinaire, se volatilise à 350°, devient solide à — 36°. Densité à l'état liquide 13,598.

Or. Solide jusqu'à la température de 1200° environ, rouge à l'état de pureté, jaune par son alliage avec le cuivre et l'argent. Très-malléable, très-ductile. Densité 19,36.

Platine. Solide : deux densités, 21,53 quand il est fondu ; 22,06 quand il est forgé. Très-ductile, très-malléable, blanc, inattaquable par l'air et l'eau, infusible à l'état de pureté.

N° 42.

Comment distingue-t-on en général les oxydes des acides ?

Acides. Composés binaires rougissant la teinture de tournesol et toutes les couleurs végétales. Saveur dite acide. La plupart sont des corrosifs puissants. Se combinent avec les bases et sont neutralisés en partie par ces bases.

Dans la décomposition d'un sel par la pile, l'acide va au pôle positif, et la base au pôle négatif : l'acide est l'élément électro-négatif, la base est l'élément électro-positif.

Les oxydes basiques ramènent au bleu la teinture de tournesol rougie par les acides ; ils verdissent le sirop de violettes ou rougissent le papier jaune de curcuma.

Presque tous les oxydes sont des bases ; les autres sont des corps neutres.

Les sels acides et les sels basiques participent des propriétés indiquées par ces mots.

Les corps neutres n'ont point d'action sur la teinture de tournesol bleue ou rougie, ni sur le sirop de violettes.

N° 43.

Indiquer la composition et les propriétés les plus saillantes des principaux oxydes et des principaux acides.

Eau. *Protoxyde d'hydrogène*. Pure, elle contient deux

volumes d'hydrogène et un volume d'oxygène. L'eau de rivière contient en dissolution de l'air, des sels de chaux et de magnésie. Il y a un *bioxyde d'hydrogène* découvert par M. Thénard.

Potasse et *soude* ou oxydes de potassium et de sodium. Employées à la fabrication du savon, du verre et du cristal.

Chaux, oxyde de calcium. Constructions.

Alumine. Entre dans la composition des argiles à poteries et de l'alun.

Oxyde de carbone, Engendré dans la combustion du charbon par l'oxygène de l'air; asphyxie.

Oxyde de plomb. Vernissage des faïences, couleurs, compositions du cristal.

Acide carbonique. Forme avec le chaux, la pierre à bâtir, la craie, le marbre. Engendré par la respiration; entre dans la composition des eaux gazeuses et des vins mousseux.

Acide silicique. Entre dans la composition des pierres à fusil, des porcelaines, du verre, etc.

Acide sulfureux, sert en médecine.

Acides sulfuriques. Est employé dans la teinture, etc.

Acide azotique ou eau forte. Employé dans la peinture, la fabrication des produits chimiques.

Acide azoteux sert à la fabrication en grand de l'acide sulfurique.

N° 44.

1. Qu'est-ce qu'un sel? — 2. Qu'entend-on par sel neutre, sel acide, sel alcalin? — 3. Caractères des principaux genres de sels.

1. *Sel*, combinaison d'une base avec un acide. Voir 37, pour les noms des sels).

2. *Sel neutre*, sel qui n'a aucune action sur la teinture de tournesol ou sur le sirop de violettes. *Sel acide*, quand il rougit la teinture de tournesol. *Sel alcalin* ou *basique*, quand il ramène au bleu la teinture de tournesol rougie par un acide, ou qu'il verdit le sirop de violettes.

3. *Carbonates*. Décomposables par le feu et par la plupart des acides, à la température ordinaire, excepté les carbonates de potasse et de soude.

Silicates. Indécomposables par la chaleur. Les seuls solubles sont ceux qui sont unis à la potasse, à la soude, etc.

Phosphates. Décomposables par la charbon, à l'aide de la chaleur.

Arséniates. Propriétés analogues à celles des phosphates.

Azotates. Décomposables par une chaleur élevée ; tous solubles dans l'eau.

Chlorates. Activent la combustion des charbons ardents avec crépitation.

Sulfates. Difficilement décomposables par d'autres acides, à moins qu'il n'y ait chaleur employée.

N° 45.

Quelles sont les propriétés de quelques-uns des sels les plus employés, tels que le sel marin, le salpêtre ou nitrate de potasse, le plâtre ou sulfate de chaux, l'alun, le carbonate de chaux, le phosphate de chaux ?

Sel marin, chlorure de sodium, blanc, cristallise en cubes, sel gemme. Employé dans l'alimentation, l'agriculture et l'industrie ; sert à la fabrication de la soude et du chlore.

Salpêtre, azotate ou nitrate de potasse. Entre dans la fabrication de la poudre et des capsules fulminantes,

Plâtre, sulfate de chaux hydratée. Construction, moulage, stuc.

Alun. Sulfate double d'alumine et de potasse. Employé dans la teinture et le tannage.

Carbonate de chaux. Constitue la craie, la pierre calcaire, les marbres. La chaux des mortiers se transforme en carbonate de chaux au moyen de l'acide carbonique de l'air, et de celui qui entre dans l'eau.

Phosphate de chaux. Entre pour une grande partie dans la composition des os des animaux.

N 46.

Que se passe-t-il quand un sel est décomposé par un acide, ou par une base, ou par un métal?

Par un acide. Deux manières; 1° l'acide s'empare de la base du sel, et l'acide de ce sel est mis en liberté; suivant ses propriétés, cet acide se dégage sous forme de gaz, ou bien il reste liquide, ou enfin il se précipite, 2° L'acide s'empare d'une partie de la base du sel. Si ce sel est basique il peut devenir neutre ou acide; s'il est neutre, il devient acide; s'il était acide, il le devient plus encore.

Par une base. L'action d'une base sur un sel est analogue à l'action d'un acide sur un sel. Si la base décompose le sel en totalité, elle s'unit à l'acide du sel et laisse la base en liberté. Si elle s'unit seulement à une partie de l'acide du sel, il en résulte deux sels ayant le même acide. Il arrive pour certains acides que les deux sels se combinent et forment un sel double.

Par un métal. Le métal qu'on met en présence d'un sel en dissolution déplace le métal de ce sel, et forme un nouveau sel; le métal déplacé se précipite ou cristallise.

N° 47.

1. Quels sont les éléments des matières organiques? — 2. Comment se fait-il qu'un petit nombre d'éléments puisse produire un très-grand nombre de matières organiques?

1. Les éléments des matières organiques sont l'oxygène, l'hydrogène, le carbone et l'azote. En général, les matières végétales ne contiennent pas d'azote. Les manières animales au contraire en contiennent presque toutes.

2. Les éléments des matières organiques se combinent deux à deux. trois à trois, et donnent naissance à des composés qu'on nomme principes immédiats. Ces composés s'unissent entre eux et forment les différentes substances végétales et animales. On comprend que le nombre de ces combinaisons puisse être très-considérable, car en premier lieu les principes immédiats, résultant de combinaisons en proportions très-variables de corps simples, sont très-nombreux; en second lieu deux principes immédiats se combinent entre eux dans des proportions diverses.

COSMOGRAPHIE.

N° 48.

1. Qu'est-ce qui détermine les alternatives du jour et de la nuit, et le retour périodique des saisons? — 2. A quoi faut-il attribuer l'inégalité des jours? — 3. Quelle est la durée de l'année? — 4. Faire connaître la disposition du calendrier.

1. La succession du jour et de la nuit est due au mouvement de rotation de la terre sur son axe, mouvement qui s'accomplit en 23 h. 56′, 4″. Le retour périodique des saisons a pour cause l'inclinaison de l'axe de la terre sur le plan de l'écliptique, c'est-à-dire sur le plan de l'orbite qu'elle décrit en un an, dans son mouvement de translation autour du soleil. Cette inclinasion est de 23°, 28′.

2. A l'inclinaison de l'axe sur l'écliptique. Lorsque le rayon vecteur ou rayon solaire perpendiculaire à la surface de la terre passe par le point d'intersection de l'équateur et de l'écliptique, les deux pôles sont également éclairés, et tout arc diurne décrit sur la terre par les rayons solaires est une demi-circonférence; les jours sont alors égaux aux nuits, ce qui a lieu le premier jour du printemps et de l'automne. Quand le rayon vecteur décrit le tropique du Cancer, le jour est le plus long possible pour les peuples situés au nord de l'équateur, parce que la majeure partie du tropique est dans l'hémisphère éclairé ; c'est alors le solstice d'été. La même chose a lieu en sens inverse lorsque le rayon vecteur décrit le tropiquè du Capricorne ; les peuples au sud de l'équateur ont alors le plus long jour et les peuples au nord la plus longue nuit : c'est le solstice d'hiver. — L'inégalité des jours et des nuits n'existe que pour les peuples qui ont la sphère oblique; la sphère est oblique pour tous les points de la terre qui ne sont ni à l'équateur ni au pôle ; l'équateur coupe alors obliquement l'horizon. Pour les points de l'équateur, la sphère est droite, c'est-à-dire que l'équateur coupe l'horizon à angle droit : dans cette position le jour est toujours de douze heures ainsi que la nuit. Les pôles ont la sphère parallèle, l'équateur est dans ce cas parallèle à l'horizon et il y a six mois de jour et six mois de nuit.

3. L'année tropique ou du retour des saisons comprise par conséquent entre deux équinoxes de printemps est de 365 j. 5 h. 48′, 52″. C'est aussi l'année civile. L'année sidérale ou du retour du soleil aux mêmes étoiles est plus longue d'environ 20′ Cette différence est due à la précession des équinoxes, phénomène qui consiste en ce que le point d'intersection de l'écliptique et de l'équateur variant tous les ans, l'équinoxe se fait 20′ plus tôt qu'il ne devrait se faire.

4. Le calendrier vient du mot *calendes*, qui chez les Romains était le nom du premier jour de chaque mois. C'est la division de l'année en douze mois qui font 365 jours : l'excédant annuel de 5 h. 48′ 52″ forme au bout de 4 ans un jour de plus, en considérant cet excédant comme étant de 6 h. ; il y a donc tous les 4 ans une année bissextile de 366 j. Mais on fait ainsi une erreur de 11′ : cette erreur forme une erreur de 3 jours au bout de 400 ans : pour y remédier on est convenu de ne faire bissextile qu'une année séculaire sur quatre. Tel est le calendrier grégorien, du nom de Grégoire XIII qui réforma en 1582 le calendrier Julien ou calendrier de Jules-César.

N° 49.

1. Quelle est la cause des éclipses de soleil et de lune? — 2. Pourquoi les premières sont-elles moins fréquentes que les secondes, et comment se fait-il qu'elles n'ont pas lieu chaque mois?

1. L'éclipse de soleil est due à l'interposition de la lune entre la terre et le soleil ; et l'éclipse de lune a pour cause l'interposition de la terre entre le soleil et la lune.

Dans l'éclipse de soleil, la lune projette son ombre du côté de la terre sous la forme d'un cône. L'éclipse est totale pour les points de la terre plongés dans ce cône d'ombre ; elle est partielle pour certains points qui restent dans la pénombre et pour lesquels une partie seulement du disque solaire est cachée par la lune. Elle sera annulaire si le sommet du cône n'arrive pas jusqu'à la terre, et centrale pour l'observateur placé sur la droite qui joint le centre du soleil, celui de la lune et le sommet du cône.

Dans l'éclipse de lune la terre projette son ombre du côté de la lune sous la forme d'un cône. La lumière de la lune commence à s'affaiblir dès qu'elle entre dans la pénombre, l'obscurité est la plus intense lorsque la lune est dans le cône d'ombre. L'éclipse de lune est totale lorsque cet astre se plonge tout entier dans le cône d'ombre de la terre, partielle quand elle n'y entre qu'en partie, centrale quand les trois centres de la lune, de la terre et du soleil sont sur la même ligne droite.

2. Les éclipses de soleil ne sont pas généralement parlant moins fréquentes que les éclipses de lune, au contraire elles sont plus fréquentes ; mais elles le sont moins pour un lieu déterminé. La raison en est qu'une éclipse de lune est aperçue par tout l'hémisphère terrestre pour lequel la lune est visible, attendu que la lune étant privée de sa lumière, l'obscurité qui en résulte s'étend à tous les lieux d'où l'on voit ce satellite au moment de l'éclipse, tandis que le soleil ne perdant pas réellement sa lumière, son éclipse ne peut avoir lieu que pour les observateurs dont le rayon visuel mené au soleil rencontre la lune sur sa direction, ce qui n'arrive jamais que pour quelques parties d'un même hémisphère.

Une éclipse de soleil ne peut avoir lieu qu'à la nouvelle lune, c'est-à-dire lorsque cet astre est en conjonction ; une éclipse de lune ne peut se faire que quand la lune est en opposition, c'est-à-dire à la pleine lune. Les éclipses n'ont pas lieu tous les mois parce que l'orbite de la lune est inclinée de 5 ° sur le plan de l'écliptique : pour qu'il y ait éclipse, il faut qu'au moment de sa conjonction ou de son opposition la lune se trouve à l'un de ses nœuds ou très près : si elle est éloignée de ce point, son ombre ne passera pas par la terre, et il n'y aura pas d'éclipse de soleil ; ou l'ombre de la terre laissera en dehors la lune, et il n'y aura pas éclipse de ce satellite.

N° 50.

1. Dire ce qu'on entend par longitude et latitude. — 2 Quel en est l'usage dans la géographie? — 3. Donner une idée de la manière dont on peut les déterminer.

1. La longitude est la distance d'un lieu au premier méridien ; la latitude est la distance d'un lieu à l'équateur. Les degrés de longitude sont des demi-méridiens qui se coupent tous aux pôles ; les degrés de latitude sont des cercles parallèles à l'équateur. Il y a 180° de longitude Est et 180 ° de longitude Ouest, en tout 360 ; on compte 90 ° de latitude Nord, et 90° de latitude Sud, en tout 180 °.

2. La longitude et la latitude servent à déterminer la position d'un lieu sur la terre. La longitude seule ne suffirait pas, parce que tous les points situés sous le même méridien ont la même longitude; la latitude seule ne suffirait pas non plus parce que tous les points également distants de l'équateur dans le même hémisphère ont la même latitude. Mais l'intersection d'un demi-méridien et d'une parallèle étant un point, la position de ce point est bien déterminée par l'indication de sa longitude et de sa latitude.

3. Pour avoir la latitude d'un lieu, il suffit de prendre la hauteur du pôle au-dessus de l'horizon de ce lieu, car cette hauteur est précisément égale à la distance du lieu à l'équateur. On prend la hauteur du pôle par une double observation de l'étoile polaire à son passade au méridien.

Le moyen le plus simple de calculer la longitude d'un lieu, c'est de comparer l'heure qu'il est dans ce lieu avec l'heure d'un autre lieu dont la longitude est connue. Cette observation est fondée sur ce que le soleil parcourt 15° de longitude par heure ; une heure de différence donne donc 15° de longitude et à proportion pour les fractions d'heures. On se sert à cet effet de montres bien réglées appelées chronomètres, montres marines ou garde-temps.

— On prend aussi la longitude par l'observation de certains phénomènes célestes, tels que les éclipses des satellites de Jupiter, et les occultations d'étoiles par la lune. Les calculs se font au moyen d'ouvrages publiés par le Bureau des Longitudes, et dont les principaux sont la *Connaissance des Temps* et les *Tables de la Lune*.

FIN.

www.ingramcontent.com/pod-product-compliance
Lightning Source LLC
LaVergne TN
LVHW050419160826
845677LV00002BA/429

9782329752136